El cerebro del niño

El cerebro del niño

12 estrategias revolucionarias para
cultivar la mente en desarrollo de tu hijo

Daniel J. Siegel
y Tina Payne Bryson

Traducción de
Isabel Ferrer Marrades

VERGARA

Título original: *The Whole-Brain Child.*
12 Revolutionary Strategies to Nurture Your Child's Developing Mind
Primera edición: enero de 2022

© 2011, Mind Your Brain, Inc. y Bryson Creative Productions
Publicado bajo acuerdo con Alba Editorial
© 2022, Penguin Random House Grupo Editorial USA, LLC
8950 SW 74th Court, Suite 2010
Miami, FL 33156
© 2012, Isabel Ferrer Marrades, por la traducción

Adaptación del diseño de cubierta de Misa Erder: Penguin Random House Grupo Editorial

Impreso en Colombia / *Printed in Colombia*

ISBN: 978-1-64473-496-4

22 23 24 25 26   10 9 8 7 6 5 4 3

Índice de contenido

Introducción. Sobrevivir y a la vez progresar   9

1. Ser padres con el cerebro en mente   19

2. Dos cerebros son mejor que uno: Integrar el izquierdo   33
y el derecho
Estrategia del cerebro pleno n° 1: Conecta y redirige: deslízate por las olas emocionales
Estrategia del cerebro pleno n° 2: Ponle un nombre para domarlo: cuenta historias para aplacar las grandes emociones

3. Construir la escalera de la mente: Integrar el cerebro superior   63
y el inferior
Estrategia del cerebro pleno n° 3: Activa, no enfurezcas: apela al cerebro superior
Estrategia del cerebro pleno n° 4: Úsalo o piérdelo: ejercita el cerebro superior
Estrategia del cerebro pleno n° 5: Muévelo o piérdelo: mueve el cuerpo para no perder la cabeza

4. ¡Mata las mariposas! Integrar la memoria para el crecimiento   97
y la curación
Estrategia del cerebro pleno n° 6: Usa el mando a distancia de la mente: reproduce los recuerdos
Estrategia del cerebro pleno n° 7: Acuérdate de recordar: convierte el acto de recordar en parte de la vida cotidiana de la familia

5. Los estados de mí mismo: Integrar las muchas partes del yo   129
Estrategia del cerebro pleno n° 8: Deja pasar las nubes de las emociones: enseña que los sentimientos vienen y se van
Estrategia del cerebro pleno n° 9: La criba: presta atención a lo que pasa dentro
Estrategia del cerebro pleno n° 10: Ejercita la visión de la mente: el regreso al disco central

6. La conexión yo-nosotros: Integrar el yo y el otro   163
Estrategia del cerebro pleno n° 11: Aumenta el factor diversión en la familia: procura disfrutar con la compañía del otro
Estrategia del cerebro pleno n° 12: Conecta a través del conflicto: enseña a los niños a discutir pensando en un «nosotros»

Conclusión: Atando cabos   197

Hoja para la nevera   203

Edades y etapas del cerebro pleno   205

Agradecimientos   225

Índice   229

Has tenido días así, ¿verdad? Días en los que la falta de sueño, las zapatillas de deporte embarradas, la mantequilla en la chaqueta nueva, la batalla por los deberes, la plastilina en el teclado de la computadora y la cantaleta «¡Ha empezado ella!» te llevan a contar los minutos que faltan para la hora de mandarlos a la cama. Esos días en los que (¡¿una vez más?!) tienes que sacarle a tu hijo una pasa de un orificio de la nariz parece que lo máximo a lo que puedes aspirar es a *sobrevivir*.

Sin embargo, cuando se trata de tus hijos, aspiras a mucho más que a la simple supervivencia. Naturalmente quieres superar los momentos difíciles, como las rabietas en los restaurantes. Pero ya seas el progenitor o cualquier otro cuidador comprometido en la vida de un niño, tu objetivo principal es educarlo de tal modo que le permita *progresar*. Quieres que disfrute de relaciones plenas, que sea afectuoso y compasivo, que le vaya bien en la escuela, que trabaje mucho y que sea responsable, y que se sienta bien consigo mismo.

Sobrevivir. Progresar.

Hemos tratado con miles de padres a lo largo de los años. Cuando les preguntamos qué es lo que más les preocupa, lo primero que mencionan es casi siempre alguna versión de estos dos objetivos. Desean sobrevivir a los momentos difíciles de la tarea de ser padres y asimismo desean que sus hijos y la familia progresen. Como padres, nosotros también compartimos estos objetivos para nuestras propias familias. En nuestros momentos más nobles, más tranquilos, más cuerdos, nos interesa cultivar la mente de nuestros hijos, aumentar su capacidad de maravillarse y ayudarlos a alcanzar su potencial en todas las facetas de la vida. Pero en los momentos de mayor frenesí, mayor estrés, esos en que estamos dispuestos a sobornar al crío para que se siente de una vez por todas en la sillita del auto y así podamos salir a toda prisa hacia el partido de fútbol, a veces lo máximo a lo que podemos aspirar es a no llorar o a no tener que oír: «¡Qué mala eres!».

Detente un instante para preguntarte: ¿qué deseas de verdad para tus hijos? ¿Qué cualidades esperas que desarrollen e incorporen a su vida adulta? Lo más probable es que quieras que sean felices e independientes y que les vaya bien. Deseas que tengan relaciones satisfactorias y una vida llena de sentido y metas. Ahora piensa en cuál es el porcentaje de tu tiempo que dedicas intencionadamente al desarrollo de esas cualidades en tus hijos. Si eres como la mayoría de los padres, temes dedicar demasiado tiempo solo a intentar sobrellevar el día (y a veces los siguientes cinco minutos) y no suficiente tiempo a crear experiencias que ayuden a tus hijos a progresar, tanto ahora como en el futuro.

Incluso es posible que te compares con algún tipo de padre o madre perfecto que nunca tiene que esforzarse por sobrevivir, que parece dedicar cada segundo de sus días a ayudar a sus hijos a progresar. Por ejemplo, la presidenta de la asociación de padres de la escuela, que prepara comidas equilibradas y ecológicas mientras lee a sus hijos un texto en latín sobre la importancia de ayudar a los demás, luego los lleva al museo de arte en el auto híbrido, donde se oye música clásica y las rejillas del aire acondicionado despiden efluvios de lavanda con efectos de aromaterapia. Ninguno de nosotros puede estar a la altura de ese superprogenitor imaginario. Y menos cuando sentimos que dedicamos un alto porcentaje de nuestro tiempo a sobrevivir y nada más, como cuando acabamos con los ojos desorbitados y la cara enrojecida al final de una fiesta de cumpleaños, gritando: «¡Como vuelva a oír una pelea más por ese arco y esa flecha, nadie recibirá ni un solo regalo!».

Si algo de esto te resulta familiar, tenemos una buena noticia para ti: *los momentos en que solo intentas sobrevivir en realidad son oportunidades para ayudar a tu hijo a progresar*. En ocasiones quizá sientas que los momentos importantes y tiernos (como mantener una conversación significativa sobre la compasión o el carácter) no tienen nada que ver con los retos a la hora de ejercer la paternidad (como librar una nueva batalla por los deberes o hacer frente a otra rabieta). Pero sí tienen mucho que ver. Cuando tu hijo te falta al respeto y te contesta, cuando te llama la directora de la escuela para pedirte que vayas a hablar con ella, cuando encuentras garabatos de colores por toda la pared: esos son momentos de supervivencia, de eso no cabe duda. Pero al mismo tiempo son oportunidades –incluso obsequios–, porque un momento de supervivencia también es un momento para progresar, y es entonces cuando se ejerce la paternidad de un modo importante y con sentido.

Por ejemplo, piensa en una de esas situaciones que solo quieres dejar atrás, como cuando tus hijos riñen por tercera vez en un plazo de tres minutos. (No cuesta mucho imaginarlo, ¿verdad?) En lugar de limitarte a interrumpir la pelea y mandar a los hermanos en litigio a habitaciones distintas, puedes usar la discusión como una oportunidad para enseñarles algo: a oír y escuchar de una manera reflexiva el punto de vista de otra persona; a comunicar con claridad y respeto sus propios deseos; el compromiso, el sacrificio, la negociación y el perdón. Ya lo sabemos: parece algo difícil de imaginar cuando estás en pleno conflicto. Pero si entiendes un poco las necesidades emocionales y los estados mentales de tus hijos, puedes crear esta clase de resultados positivos, incluso sin necesidad de recurrir a las fuerzas de paz de las Naciones Unidas.

No tiene nada de malo separar a tus hijos cuando se pelean. Es una buena técnica de supervivencia, y en ciertas situaciones puede ser la mejor solución. Pero a menudo podemos hacer algo más que solo acabar con el conflicto y el alboroto. Podemos convertir la experiencia en algo que desarrolle no solo el cerebro de cada uno de los niños, sino también su carácter y sus aptitudes para relacionarse. Con el tiempo, los hermanos se harán mayores y serán más competentes en el manejo del conflicto sin necesidad de la orientación paterna. Esta es solo una de las muchas maneras en que puedes ayudarlos a progresar.

Lo bueno del enfoque «sobrevivir y progresar» es que no necesitas buscar tiempo para ayudar a tus hijos a progresar. Puedes emplear todas las interacciones que comparten –tanto las estresantes y enfurecedoras como las milagrosas y adorables– como oportunidades para ayudarlos a ser las personas responsables, afectuosas y capaces que deseas que sean. De eso trata este libro: de aprovechar esos momentos cotidianos con tus hijos para ayudarlos a alcanzar su verdadero potencial. En estas páginas ofrecemos un antídoto para los enfoques académicos y educativos que dan excesiva importancia a los logros y al perfeccionamiento a costa de lo que sea. Nosotros nos centraremos más bien en cómo puedes ayudar a tus hijos a ser más ellos mismos, más resistentes y más fuertes, a estar más a gusto con el mundo. ¿Y eso cómo se consigue? Nuestra respuesta es sencilla: necesitas entender unos principios básicos sobre el joven cerebro que crece y se desarrolla con tu ayuda. De eso trata *El cerebro del niño*.

Cómo emplear este libro

Ya seas progenitor, abuelo, maestro, terapeuta o cualquier otro cuidador importante en la vida de un niño, hemos escrito este libro para ti. A lo largo del libro emplearemos las palabras «progenitor» o «padre» o «madre», pero nos referimos a cualquiera que realice la crucial labor de criar, dar apoyo y educar a niños. Nuestro objetivo es enseñarte a utilizar las interacciones cotidianas como oportunidades para ayudarte a ti y a los niños que quieres a sobrevivir y progresar. Aunque con un poco de creatividad buena parte de lo que leas podría adaptarse a los adolescentes –de hecho, nos proponemos escribir una segunda parte precisamente con ese fin–, este libro abarca la etapa desde el nacimiento hasta los doce años, centrándose sobre todo en los niños en edad preescolar, los niños en edad escolar y los preadolescentes.

En las siguientes páginas explicaremos la perspectiva del cerebro pleno y ofreceremos diversas estrategias para ayudar a tus hijos a ser más felices, a estar más sanos y a ser ellos mismos de una manera más plena. El capítulo 1 da a conocer el concepto de la paternidad basado en la estructura del cerebro y presenta la idea sencilla y poderosa de la que parte el enfoque del cerebro pleno: la integración. El capítulo 2 se centra en ayudar al hemisferio izquierdo y al hemisferio derecho a trabajar conjuntamente para que el niño pueda estar conectado con su faceta lógica y su faceta emocional. El capítulo 3 resalta la importancia de conectar el «cerebro inferior», instintivo, con el «cerebro superior», más reflexivo, responsable de las decisiones, la percepción personal, la empatía y la moralidad. El capítulo 4 explica cómo puedes ayudar a tu hijo a hacer frente a los momentos dolorosos del pasado iluminándolos con la luz de la comprensión, para poder abordarlos de una manera intencionada, consciente y delicada. El capítulo 5 te ayuda a enseñar a tus hijos que pueden pararse a reflexionar sobre su estado de ánimo. Cuando son capaces de hacer eso, pueden tomar decisiones que les permiten controlar cómo se sienten y cómo responden a su mundo. El capítulo 6 pone de relieve las maneras en que puedes enseñar a tus hijos la felicidad y la satisfacción que se derivan de estar conectados con los demás al tiempo que mantienen una identidad única.

Mediante una clara comprensión de los distintos aspectos del enfoque del cerebro pleno, podrás ver la educación de tus hijos de una manera muy distinta. Como padres, estamos programados para intentar proteger a nuestros hijos de todo sufrimiento y dolor, pero en realidad eso es imposible. Nuestros hijos se caerán, se sentirán heridos y sufrirán miedo, tristeza y enfado. De hecho, a menudo estas experiencias difíciles son las que les permiten crecer y descubrir el mundo. En lugar de intentar ahorrarles las dificultades inevitables de la vida, podemos ayudarlos a integrar esas experiencias en su visión del mundo y a aprender de ellas. La manera en que nuestros hijos dan sentido a sus jóvenes vidas no solo tiene que ver con lo que les ocurre, sino también con la respuesta de sus padres, maestros y otros cuidadores.

Teniendo esto en cuenta, uno de nuestros objetivos principales ha sido que este libro, *El cerebro del niño,* sea lo más útil posible, proporcionando las herramientas concretas para que tu papel como padre o madre sea más fácil y la relación con tus hijos más plena. Por eso casi la mitad de cada capítulo está dedicada a la sección «Lo que puedes hacer», donde damos recomendaciones y ejemplos prácticos de cómo se pueden aplicar los conceptos científicos del capítulo.

Asimismo, al final de cada capítulo se incluyen dos secciones diseñadas para ayudar a aplicar fácilmente los nuevos conocimientos. La primera es «Los niños de cerebro pleno», concebida para ayudar a enseñar a los niños los principios básicos abordados en el capítulo. Puede parecer extraño hablar con niños pequeños sobre el cerebro: al fin y al cabo, no deja de ser la ciencia del cerebro. Pero hemos descubierto que incluso los niños pequeños –de solo cuatro o cinco años– pueden entender realmente principios importantes sobre el funcionamiento del cerebro, y a su vez entenderse a sí mismos y comprender su conducta y sus sentimientos de maneras nuevas y más perspicaces. Este conocimiento puede ser muy útil para el niño, así como para el progenitor que intenta educar, imponer una disciplina y amar de maneras que satisfagan a ambos. Hemos escrito las secciones «Los niños de cerebro pleno» pensando en un público en edad escolar, pero puedes adaptar la información mientras la lees en voz alta para que esté al nivel de tu hijo.

La otra sección al final de cada capítulo se llama «Integrarnos nosotros mismos». Mientras que gran parte del libro se centra en la vida interior de tu hijo y en la conexión entre ustedes dos, aquí te ayudaremos a aplicar los conceptos de cada capítulo a tu propia vida y a tus relaciones personales. Conforme los niños se desarrollan, sus cerebros «reflejan» el cerebro de sus padres. Dicho de otro modo, el propio crecimiento y desarrollo de sus padres, o su ausencia, inciden en el cerebro del niño. A medida que los padres adquieren mayor conciencia y son cada vez más sanos emocionalmente, sus hijos cosechan los frutos y también ellos avanzan hacia la salud. Eso significa que integrar y cultivar tu propio cerebro es uno de los regalos más afectuosos y generosos que puedes ofrecer a tus hijos.

Otra herramienta que esperamos que te sea útil es la tabla de «Edades y etapas» incluida al final del libro, donde hacemos un sencillo resumen de cómo se pueden aplicar las ideas del libro según la edad de tu hijo. Cada capítulo ha sido concebido para ayudarte a llevar a la práctica las ideas de inmediato, con múltiples recomendaciones según las distintas edades y etapas del desarrollo infantil. Pero para facilitar las cosas a los padres, esta última sección de referencia clasifica las recomendaciones del libro según la edad y el nivel de desarrollo. Si, por ejemplo, eres madre de un niño en edad preescolar, encontrarás rápidamente un recordatorio de lo que puedes hacer para fomentar la integración entre el hemisferio derecho e izquierdo del cerebro de tu hijo. Luego, a medida que crezca el niño, puedes volver a consultar el libro para las distintas edades y ver una lista de los ejemplos y las sugerencias más pertinentes para cada nueva etapa de tu hijo.

Además, justo antes de la sección «Edades y etapas» encontrarás una «Hoja para la nevera», que resalta muy brevemente los puntos más importantes del libro. Puedes fotocopiar dicha hoja y colocarla en la nevera, para que tú y todas las personas que quieren a tus hijos –padres, niñeras, abuelos y demás– puedan trabajar conjuntamente en beneficio del bienestar general de tus hijos.

Como esperamos que veas, te hemos tenido en cuenta mientras trabajábamos para conseguir que este libro te fuera lo más accesible y fácil de leer posible. Como científicos, hemos dado especial importancia a la precisión y la exactitud; como padres, nos hemos propuesto ofrecer una comprensión práctica. Y hemos luchado con esta tensión y analizado cuidadosamente cuál era la mejor manera de proporcionar la información más reciente e importante, exponiéndola al mismo tiempo de una manera clara, útil y práctica. Si bien el libro tiene una base claramente científica, no te dará la impresión de estar en una clase de ciencias o leyendo un artículo académico. Trata de la ciencia del cerebro, eso sin duda, y nos atenemos fielmente a todo lo demostrado por la investigación y la ciencia. Pero compartimos esta información de una manera que te invite a entrar, en lugar de dejarte fuera expuesto al frío. Los dos nos hemos pasado toda nuestra vida profesional reuniendo conocimientos científicos sobre el cerebro complicados pero esenciales y simplificándolos para que los padres puedan entenderlos y aplicarlos de inmediato en las interacciones cotidianas con sus hijos. Así que no permitas que todo lo relativo al cerebro te ahuyente. Creemos que te fascinará; gran parte de la información básica en realidad es bastante sencilla y fácil de usar. Si te interesa conocer más detalladamente la ciencia en la que se funda lo que presentamos en estas páginas, echa un vistazo a los libros de Dan *Mindsight* y *La mente en desarrollo.*

Gracias por acompañarnos en este viaje hacia un conocimiento más pleno de cómo ayudar realmente a tus hijos a ser más felices, más sanos y más ellos mismos. Si entiendes cómo funciona el cerebro, podrás elegir de forma más consciente lo que enseñas a tus hijos, cómo les respondes y por qué. Así podrás hacer mucho más que limitarte a sobrevivir. Ofreciendo a tus hijos experiencias repetidas que desarrollen todo el cerebro, te enfrentarás a un menor número de crisis de paternidad cotidianas. Pero, además de eso, entender la integración te permitirá conocer mejor a tu hijo, responder de una manera más eficaz a las situaciones difíciles y construir intencionadamente una base para toda una vida de amor y felicidad. Por consiguiente, tu hijo no solo progresará, tanto ahora como en la edad adulta, sino que también lo harán tú y toda tu familia.

Te rogamos que visites nuestra página web y nos cuentes tus experiencias como padre o madre en la aplicación del enfoque del cerebro pleno. Esperamos recibir noticias tuyas.

Dan y Tina
www.WholeBrainChild.com

1   Ser padres con el cerebro en mente

Los padres suelen ser expertos en cuanto a los cuerpos de sus hijos. Saben que una temperatura por encima de los 37 grados Celcius (98.6°F) es fiebre. Saben limpiar una herida para que no se infecte. Saben cuáles son los alimentos que tienen más probabilidades de quitar el sueño a su hijo antes de irse a la cama.

Pero incluso los padres más afectuosos y cultos a menudo carecen de la información básica sobre el cerebro de su hijo. ¿No es sorprendente? Sobre todo cuando uno tiene en cuenta el papel fundamental del cerebro en prácticamente todos los aspectos de la vida del niño que preocupan a los padres: la disciplina, la toma de decisiones, la conciencia de sí mismo, la escuela, las relaciones, etcétera. De hecho, el cerebro determina en gran medida quiénes somos y qué hacemos. Y como el propio cerebro está moldeado en gran parte por las experiencias que ofrecemos como padres, saber que el cerebro cambia en respuesta a nuestra manera de ejercer la paternidad puede ayudarnos a criar a un niño más fuerte y resistente.

Así pues, queremos darte a conocer la perspectiva del cerebro pleno. Nos gustaría explicarte unos cuantos conceptos fundamentales sobre el cerebro y ayudarte a aplicar esos nuevos conocimientos para que la paternidad te sea más fácil y adquiera más sentido. No estamos diciendo que criar a un niño con el cerebro pleno vaya a acabar con todas las frustraciones que acompañan a la educación de los hijos. *Pero si entiendes unos cuantos principios básicos sobre el funcionamiento del cerebro sencillos y fáciles de asimilar, podrás entender mejor a tu hijo, reaccionar de una manera más eficaz ante las situaciones difíciles y construir una base para su salud social, emocional y mental.* Lo que hagas como progenitor tiene relevancia, por lo que te proporcionaremos ideas claras, con una base científica, que te ayudarán a construir una relación sólida con tu hijo, lo que contribuirá a moldear su cerebro como es debido y a darle los mejores cimientos para una vida feliz y sana.

Permítenos contarte una historia que ilustra lo útil que puede ser esta información para los padres.

IA UUUH UUUH

Un día Marianna recibió una llamada informándole que su hijo de dos años, Marco, había sufrido un accidente de tráfico con su niñera. Marco se encontraba bien, pero la niñera, que iba conduciendo, había sido trasladada a un hospital en ambulancia.

Con el alma en vilo, Marianna, directora de una escuela primaria, acudió a toda prisa al lugar del accidente, donde le explicaron que la niñera había sufrido un ataque epiléptico mientras conducía. Marianna encontró a su hijo en brazos de un bombero que intentaba, en vano, tranquilizarlo. Lo cogió y el pequeño se calmó en cuanto ella empezó a consolarlo.

Cuando Marco dejó de llorar, le contó a Marianna lo sucedido. Empleando el lenguaje de un niño de dos años, que solo entendían sus padres y su niñera, Marco repetía una y otra vez la frase «Ia uuuh uuuh». «Ia» era su manera de llamar a Sophia, su querida niñera, y «uuuh uuuh» era su versión del sonido de la sirena del camión de bomberos (o, en este caso, una ambulancia). Diciendo repetidamente a su madre «ia uuuh uuuh», Marco se centraba en el detalle de la historia que más le importaba: se habían llevado a Sophia, separándolo de ella.

En una situación así, muchos sentiríamos la tentación de asegurarle a Marco que Sophia se pondría bien y luego dirigiríamos la atención de inmediato a otra cosa para que el niño dejara de pensar en lo ocurrido: «¡Vamos a buscar un helado!». En los días posteriores, muchos padres evitarían hablar del accidente para no alterar al niño. El problema con el planteamiento «Vamos a buscar un helado» es que el niño se queda confundido acerca de lo sucedido y del porqué. Sigue presa de emociones terroríficas e intensas, pero no se le permite enfrentarse a ellas (ni se le ayuda a hacerlo) de una manera eficaz.

Marianna no cometió ese error. Había asistido a las clases de Tina sobre la paternidad y el cerebro, y enseguida dio buen uso a lo aprendido. Esa noche, y a lo largo de la siguiente semana, cada vez que los pensamientos de Marco lo llevaban a recordar el accidente de tráfico, Marianna lo ayudaba a contar la historia una y otra vez. Le decía: «Sí, Sophia y tú tuvieron un accidente, ¿verdad que sí?». Entonces Marco abría los brazos y los sacudía, imitando el ataque de Sophia. Marianna seguía: «Sí, Sophia tuvo un ataque y empezó a temblar, y el auto chocó, ¿no es así?». La siguiente intervención de Marco era, claro está, el familiar «Ia uuuh uuuh», a lo que Marianna contestaba: «Exacto. Llegó la uuuh uuuh y se llevó a Sophia al médico. Y ahora ella está mejor. ¿Te acuerdas de que fuimos a verla ayer? Está bien, ¿verdad?».

Dejando que Marco contara la historia repetidamente, Marianna lo ayudaba a comprender lo sucedido para que pudiera empezar a enfrentarse a ello emocionalmente. Como conocía la importancia de ayudar al cerebro de su hijo a procesar la aterradora experiencia, lo animó a contar una y otra vez los sucesos para que pudiera procesar su miedo y seguir con su rutina cotidiana de una manera saludable y equilibrada. Durante los días posteriores, Marco fue sacando el tema del accidente cada vez menos, hasta convertirlo sencillamente en otra más de sus experiencias vitales, aunque no por ello dejara de ser importante.

Conforme leas las siguientes páginas, descubrirás las razones concretas de la respuesta de Marianna, y por qué, tanto desde un punto de vista práctico como neurológico, fue tan útil para su hijo. Podrás aplicar tus nuevos conocimientos acerca del cerebro para que el ejercicio de la paternidad con tu hijo sea más manejable y satisfactorio.

El concepto que constituye la base de la reacción de Marianna, y de este libro, es la *integración*. Una clara comprensión de lo que es la integración te dará la capacidad para transformar por completo tu manera de ver el ejercicio de la paternidad con tus hijos. Puede ayudarte a disfrutar más con ellos y a prepararlos mejor para una vida rica y gratificante.

¿Qué es la integración y por qué importa tanto?

La mayoría de nosotros no toma en consideración que nuestro cerebro tiene muchas partes distintas, cada una con diferentes cometidos. Por ejemplo, hay un lado izquierdo que nos ayuda a pensar de una manera lógica y a organizar los pensamientos para construir frases, y un lado derecho que nos ayuda a experimentar las emociones y a interpretar las señales no verbales. Tenemos asimismo un «cerebro de reptil», que nos permite actuar intuitivamente y tomar decisiones relacionadas con la supervivencia en milésimas de segundo, y un «cerebro de mamífero», que nos orienta hacia la conexión y las relaciones. Una parte del cerebro se centra en la memoria; otra en tomar decisiones morales y éticas. Es casi como si nuestro cerebro tuviera múltiples personalidades: unas racionales, otras irracionales; unas reflexivas, otras reactivas. ¡No es de extrañar que en distintos momentos parezcamos personas diferentes!

La clave para progresar está en ayudar a estas partes a trabajar bien conjuntamente: a integrarlas. La integración toma las distintas partes del cerebro y las ayuda a trabajar juntas como un todo. Es algo parecido a lo que ocurre en el cuerpo, que tiene distintos órganos para llevar a cabo distintas funciones: los pulmones aspiran el aire, el corazón bombea la sangre, el estómago digiere los alimentos. Para que el cuerpo esté sano, todos estos órganos necesitan hallarse integrados. En otras palabras, cada órgano necesita desempeñar su función individual al tiempo que trabajan todos juntos como un todo. La integración no es más que eso: unir distintos elementos para crear un todo que funcione debidamente. Igual que ocurre con un cuerpo sano, nuestro cerebro no puede rendir al máximo a menos que sus distintas partes trabajen conjuntamente de una manera coordinada y equilibrada. Eso es lo que hace la integración: coordina y equilibra las distintas regiones del cerebro que mantiene unidas. Es fácil ver cuando nuestros hijos no están integrados: los superan las emociones, están confundidos y actúan de manera caótica. No son capaces de responder de una manera serena y competente a las situaciones a las que se enfrentan. Las pataletas, las crisis, la agresividad, y casi todas las demás experiencias desafiantes para la paternidad –y para la vida– son el resultado de una pérdida de integración, también conocida como des-integración.

Deseamos ayudar a nuestros hijos a estar más integrados para que puedan usar todo su cerebro de una manera coordinada. Por ejemplo, queremos que estén *integrados horizontalmente*, para que su lógica del hemisferio izquierdo pueda trabajar bien con sus emociones del hemisferio derecho. También queremos que estén *integrados verticalmente*, para que las partes situadas físicamente en una parte superior de su cerebro, que les permite ver sus propias acciones de una manera reflexiva, trabajen bien con las partes inferiores, más relacionadas con el instinto, las reacciones viscerales y la supervivencia.

La manera en que se produce la integración es fascinante, y es algo de lo que la mayoría de la gente no es consciente. En los últimos años, los científicos han desarrollado la tecnología para visualizar el cerebro, permitiendo a los investigadores estudiarlo de maneras que hasta la fecha no habían sido posibles. Esta nueva tecnología ha confirmado muchas de las cosas que creíamos previamente sobre el cerebro. Sin embargo, una de las sorpresas que ha sacudido los cimientos mismos de la neurociencia es el descubrimiento de que el cerebro en realidad es «dúctil», o moldeable. Eso significa que el cerebro cambia físicamente a lo largo de toda nuestra vida, y no solo en la infancia, como antes suponíamos.

¿Qué moldea nuestro cerebro? La experiencia. Incluso en la vejez, nuestras experiencias cambian la propia estructura física del cerebro. Cuando vivimos una experiencia, las células del cerebro –llamadas neuronas– se vuelven activas, o «se encienden». El cerebro tiene cien mil millones de neuronas, cada una con diez mil conexiones con otras neuronas en promedio. La manera en que ciertos circuitos del cerebro se activan determina la naturaleza de nuestra actividad mental, desde la percepción de sonidos o imágenes hasta el razonamiento y el pensamiento más abstracto. Cuando las neuronas se encienden juntas, desarrollan nuevas conexiones entre sí. Con el tiempo, las conexiones derivadas de su activación conducen a su «reconfiguración» en el cerebro. Esto es una noticia increíble. Significa que no somos esclavos a lo largo de toda nuestra vida de la manera en que actúa nuestro cerebro ahora: podemos realmente reconfigurarlo para ser más sanos y felices. Esto es aplicable no solo a los niños y adolescentes, sino a todos nosotros en cada una de las etapas de nuestra vida.

En este mismo momento el cerebro de nuestros hijos se está configurando y reconfigurando, y las experiencias que les proporcionemos incidirán enormemente a la hora de determinar la estructura de su cerebro. Pero no nos sintamos presionados.

La naturaleza se ha preocupado de que la arquitectura básica del cerebro se desarrolle debidamente con alimentación, horas de sueño y estimulación adecuadas. Los genes, por supuesto, desempeñan un papel importante en la forma de ser de las personas, sobre todo en lo que se refiere al temperamento. Pero los hallazgos en distintas áreas de la psicología del desarrollo sugieren que todo lo que nos sucede –la música que oímos, las personas a las que queremos, los libros que leemos, la clase de disciplina que recibimos, las emociones que sentimos– tiene una gran influencia en el desarrollo de nuestro cerebro. Dicho de otro modo, además de nuestra arquitectura cerebral básica y nuestro temperamento innato, los padres pueden ejercer un papel esencial a la hora de proporcionar la clase de experiencias que ayudarán a desarrollar un cerebro resistente y bien integrado. Este libro te enseñará a usar las experiencias cotidianas para ayudar al cerebro de tu hijo a estar cada vez más integrado.

Por ejemplo, los niños que hablan con sus padres sobre sus experiencias tienden a tener un mayor acceso a los recuerdos de dichas experiencias. También desarrollan la inteligencia emocional y pueden entender mejor los sentimientos propios y ajenos. Los niños tímidos, cuyos padres cultivan el sentido de la valentía ofreciéndoles la posibilidad de explorar el mundo con su apoyo, tienden a perder su inhibición conductual, mientras que los niños sobreprotegidos o lanzados insensiblemente a vivir experiencias angustiosas sin recibir apoyo alguno tienden a no superar la timidez.

Existe todo un campo de la ciencia del desarrollo y el apego infantil que respalda esta visión, y los nuevos hallazgos en el ámbito de la neuroplasticidad apoyan el enfoque de que los padres pueden moldear directamente el crecimiento continuo del cerebro de su hijo según las experiencias que le ofrezcan. Por ejemplo, pasar

horas delante de una pantalla –jugando videojuegos, viendo la televisión, mandando mensajes de texto– configurará el cerebro de
cierta manera. Las actividades educativas, los deportes y la música
lo configurarán de otra manera. Compartir tiempo con la familia
y los amigos y aprender a relacionarse, sobre todo en las interacciones cara a cara, lo configurarán de manera aún más distinta. Todo
lo que nos sucede incide en el desarrollo del cerebro.

La integración consiste en este proceso de configuración y
reconfiguración: en facilitar a nuestros hijos experiencias para
crear conexiones entre las distintas partes del cerebro. Cuando
estas distintas partes colaboran, se crean y se refuerzan las fibras
integradoras que unen las distintas partes del cerebro. Por consiguiente, están conectadas de manera más poderosa y pueden
trabajar conjuntamente de un modo aún más armonioso. De la
misma forma que los cantantes de un coro entrelazan sus voces
para crear una armonía que a una sola persona le sería imposible producir, un cerebro integrado es capaz de llevar a cabo mucho más de lo que conseguirían sus partes individuales cada una
por su cuenta.

Eso es lo que queremos para nuestros hijos: queremos ayudar a su cerebro a estar más integrado para que puedan sacar el
máximo rendimiento a sus recursos mentales, tal y como hizo Marianna con Marco. Al animarlo a contar la historia una y otra vez
(«Ia uuuh uuuh»), desactivó las emociones traumáticas y terroríficas situadas en su hemisferio derecho para que no lo dominaran. Lo consiguió recurriendo a los detalles objetivos y la lógica
de su hemisferio izquierdo –que, a los dos años, apenas empezaba a desarrollarse–, para que pudiera hacer frente al accidente de
un modo que tuviera sentido para él.

Si su madre no lo hubiese ayudado a contar y entender la
historia, los temores de Marco no se habrían resuelto y habrían

asomado de otra forma. Quizá habría desarrollado una fobia a ir en auto o a separarse de sus padres, o quizá su hemisferio derecho se habría descontrolado de otras maneras, llevándolo a tener frecuentes rabietas. En lugar de eso, al contar la historia con Marco, Marianna lo ayudó a centrar su atención tanto en los detalles objetivos del accidente como en sus propias emociones, lo que le permitió usar los hemisferios derecho e izquierdo juntos, reforzando literalmente la conexión. (En el capítulo 2 explicaremos este concepto en particular más ampliamente.) Al ayudarlo a estar más integrado, Marco pudo volver a ser un niño de dos años normal y en pleno desarrollo en lugar de quedarse atascado en el miedo y la angustia que experimentó.

Veamos otro ejemplo. Ahora que tus hermanos y tú ya son mayores, ¿siguen peleando para ver quién pulsa el botón del ascensor? Claro que no. (Bueno, eso esperamos.) Pero ¿tus hijos se pelean y discuten por esas cosas? Si son niños normales, seguro que sí.

La razón de esta diferencia nos lleva otra vez al cerebro y la integración. La rivalidad entre hermanos es otra de las cosas que complican la paternidad, al igual que las rabietas, la desobediencia, las batallas por los deberes, las cuestiones de disciplina, etcétera. Como explicaremos en los próximos capítulos, estos desafíos cotidianos a la paternidad se deben a una *falta de integración* en el cerebro de tu hijo. La razón por la que su cerebro no siempre es capaz de integrarse es sencilla: no ha tenido tiempo para desarrollarse. De hecho, aún le queda un largo camino por recorrer, ya que se considera que el cerebro de una persona no está plenamente desarrollado hasta los veintitantos años.

Así que esa es la mala noticia: tienes que esperar a que se desarrolle el cerebro de tu hijo. Exacto: por brillante que te parezca tu niño en edad preescolar, no tiene el cerebro de un niño de diez años, ni lo tendrá hasta dentro de unos años. La velocidad de maduración del cerebro depende en gran medida de los genes que heredamos. Pero puede que podamos influir en el grado de integración mientras ejercemos la paternidad día a día.

La buena noticia es que usando los momentos de la vida cotidiana podemos influir en la manera en que el cerebro de nuestro hijo avanza hacia la integración. En primer lugar, podemos desarrollar los distintos elementos del cerebro de nuestro hijo ofreciendo oportunidades para ejercitarlos. En segundo lugar, podemos facilitar la integración para que las distintas partes se conecten mejor y trabajen juntas de manera eficaz. Con ello, nuestros hijos no crecerán más deprisa; simplemente los ayudaremos a desarrollar las numerosas partes de sí mismos y a integrarlas. Tampoco debemos agotarnos (ni agotar a nuestros hijos) intentando desesperadamente llenar cada experiencia de trascendencia y significado. Simplemente se trata de estar presentes en la vida de nuestros hijos para ayudarlos a estar más integrados. Así, progresarán emocional, intelectual y socialmente. Un cerebro integrado da lugar a una mejor toma de decisiones, un mayor control del cuerpo y las emociones, una comprensión de uno mismo más plena, relaciones más sólidas y un buen rendimiento escolar. Y todo empieza con las experiencias proporcionadas por los padres y otros cuidadores, que sostienen los cimientos de la integración y la salud mental.

Adentrarse en la corriente: surcar las aguas entre el caos y la rigidez

Veamos de una manera un poco más concreta qué pasa cuando una persona –sea niño o adulto– vive en un estado de integración. Cuando alguien está bien integrado, goza de salud mental y bienestar. Pero eso no es precisamente fácil de definir.

De hecho, mientras que se han escrito bibliotecas enteras acerca de la *enfermedad* mental, existen pocas definiciones de la *salud* mental. Dan ha sido uno de los primeros en dar una definición de salud mental, y ahora investigadores y terapeutas de todo el mundo empiezan a utilizarla. Se basa en el concepto de la integración e implica una comprensión de la compleja dinámica de las relaciones humanas y el cerebro. Una manera sencilla de definir la salud mental es describiéndola como nuestra capacidad de permanecer en un «río de bienestar».

Imagina un río de aguas serenas que atraviesa un campo. Ese es tu río de bienestar. Ahí, en el agua, avanzando apaciblemente en tu canoa, sientes que en general estás en buenas relaciones con el mundo que te rodea. Te entiendes a ti mismo, entiendes a los demás y tu vida. Eres flexible y te adaptas a cada situación nueva. Permaneces estable y en paz.

Pero a veces, mientras navegas apaciblemente por el río, te acercas demasiado a una de las dos orillas. Eso crea distintos problemas, según la orilla a la que te arrimes. Una orilla representa el caos, donde sientes que no controlas la situación. En lugar de dejarte llevar por la corriente de aguas tranquilas, te ves atrapado por la fuerza de embravecidos rápidos, y eres presa de la confusión y la agitación. Necesitas alejarte de la orilla del caos y volver a incorporarte a la serena corriente del río.

Pero no te alejes demasiado, porque la otra orilla presenta sus propios peligros. Es la orilla de la rigidez, que es lo contrario del caos. En oposición a la falta de control, la rigidez es cuando *imponemos* el control a todo y todos en torno a nosotros. Nos negamos por completo a adaptarnos, a transigir o a negociar. Cerca de la orilla de la rigidez, huele a agua estancada, y los juncos y las ramas de los árboles impiden que tu canoa avance apaciblemente por el río del bienestar.

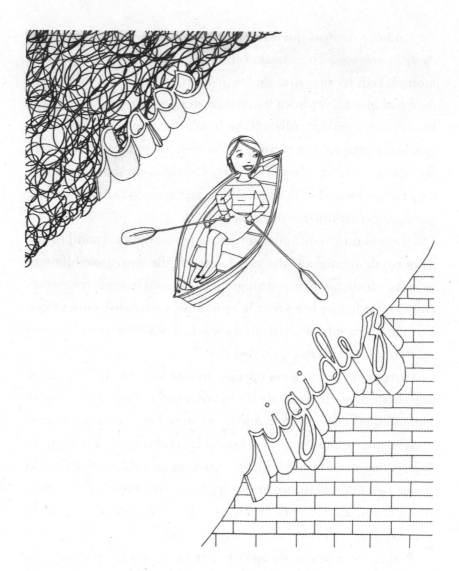

Así pues, un extremo es el caos, donde no existe el menor control. El otro extremo es la rigidez, donde hay un control excesivo que conduce a una falta de flexibilidad y adaptabilidad. Todos vamos de una orilla a otra en nuestra vida cotidiana, sobre todo cuando procuramos sobrevivir a la paternidad. Cuanto más nos acercamos a las orillas del caos y la rigidez, más nos alejamos de la salud mental y emocional. Cuanto más tiempo evitamos cualquiera de las dos orillas, más tiempo pasamos disfrutando del río del bienestar. Gran parte de nuestra vida de adultos puede verse como el avance por estos caminos: a veces en la armonía de la corriente del bienestar, pero a veces en el caos, en la rigidez, o yendo en zigzag de lo uno a lo otro. La armonía surge de la integración. El caos y la rigidez aparecen cuando se bloquea la integración.

Todo esto también es aplicable a nuestros hijos. Ellos tienen sus propias canoítas y avanzan apaciblemente por su río del bienestar. Muchos de los retos a los que nos enfrentamos como padres se producen en los momentos en que nuestros hijos se alejan de la corriente, cuando se acercan demasiado al caos o la rigidez. ¿Tu hijo de tres años se niega a compartir su barco de juguete en el parque? Rigidez. ¿Se pone a llorar, a gritar y a tirar arena cuando su nuevo amigo le quita el barco? Caos. En ese momento lo que tú puedes hacer es ayudarlo a reincorporarse a la corriente del río, a recuperar un estado de armonía que impide tanto el caos como la rigidez.

Lo mismo puede decirse de los niños mayores. Tu hija de quinto grado, una niña en general de trato fácil, llora histéricamente porque no le han dado el papel que quería en la obra de teatro de la escuela. Se niega a calmarse y te repite una y otra vez que tiene la mejor voz de su clase. En realidad va en zigzag de una orilla a la otra, pasando del caos a la rigidez, y sus emociones se han impuesto claramente a su lógica. Por consiguiente, se resiste con obstinación a reconocer que quizá otra persona tenga tanto talento como ella. Tú puedes conducirla otra vez hacia la corriente del bienestar para que alcance un mayor equilibrio dentro de sí misma y para que pase a un estado más integrado. (No te preocupes: te ofreceremos toda clase de recursos para conseguirlo.)

Prácticamente todos los momentos de supervivencia pueden incluirse en este marco, de una manera u otra. Te sorprenderá lo mucho que los conceptos de caos y rigidez pueden ayudarte a entender las conductas más difíciles de tu hijo. De hecho, estos conceptos te permiten «tomar la temperatura» a la integración de tu hijo en cualquier momento. Si ves caos y/o rigidez, sabes que tu hijo no se encuentra en un estado de integración. Del mismo modo, cuando sí se halla en un estado de integración, presenta las cualidades que relacionamos con alguien que está mental y emocionalmente sano: se muestra flexible, adaptable, estable y capaz de entenderse a sí mismo y al mundo que lo rodea. El enfoque poderoso y práctico de la integración nos permite ver las numerosas formas en que nuestros hijos –o nosotros mismos– experimentan el caos y la rigidez porque se ha bloqueado la integración. Al tomar conciencia de este concepto, podemos desarrollar y aplicar estrategias que favorecen la integración en la vida de nuestros hijos y en la nuestra. Estas son las estrategias cotidianas del cerebro pleno que exploraremos en cada uno de los siguientes capítulos.

La hija de Thomas, Katie, de cuatro años, iba encantada a su jardín infantil y nunca ponía objeción cuando su padre se despedía de ella y se marchaba. Hasta el día en que vomitó en clase. Su maestra telefoneó a Thomas, que acudió a buscarla de inmediato. Al día siguiente Katie se echó a llorar cuando llegó la hora de prepararse para ir a la escuela a pesar de que ya se encontraba bien. Lo mismo sucedió mañana tras mañana durante los días posteriores. Tras muchos esfuerzos, Thomas lograba vestirla, pero cuando llegaban a la escuela las cosas empeoraban.

En palabras del propio Thomas, en cuanto bajaban del auto en el estacionamiento Katie «montaba un número» cada vez más aparatoso. Primero, al acercarse al edificio de la escuela, entraba en un estado de desobediencia civil, por así llamarlo. Caminaba junto a su padre, pero de algún modo conseguía que su cuerpo pesara casi tanto como un piano de cola, y su resistencia era tal que, más que acompañarla, había que llevarla a rastras. Luego, cuando llegaban al aula, Katie se agarraba cada vez con más fuerza a la mano de su padre y realizaba el clásico apuntalamiento, apoyando todo el peso de su cuerpo de niña contra la pierna de Thomas. Cuando su padre por fin conseguía zafarse y salir del aula, la oía gritar por encima del ruido de los demás niños: «¡Me moriré si me dejas!».

Esta clase de ansiedad ante la separación es muy normal en los niños pequeños. A veces la escuela puede ser un lugar aterrador. Pero como explicó Thomas: «Antes del día del vómito, Katie vivía enteramente para la escuela. Le encantaban las actividades, los amigos, los cuentos. Y adoraba a su maestra».

Así pues, ¿qué pasó? ¿Cómo es que la simple experiencia de vomitar creó un miedo extremo e irracional en Katie, y cómo debía responder Thomas? Su objetivo inmediato era desarrollar una estrategia para conseguir que Katie volviera a ir a la escuela con ganas. Ese era su objetivo para «sobrevivir». Pero también quería convertir esa difícil experiencia en una oportunidad que beneficiara a Kate tanto a corto como a largo plazo. Ese era su objetivo para «progresar».

Más adelante veremos cómo manejó Thomas la situación, recurriendo a sus conocimientos básicos sobre el cerebro a fin de convertir un momento de supervivencia en una oportunidad para ayudar a su hija a progresar. Entendió en concreto lo que vamos a explicar a continuación: unos principios sencillos sobre cómo funcionan los dos lados del cerebro.

EL CEREBRO IZQUIERDO, EL CEREBRO DERECHO: UNA INTRODUCCIÓN

Como sabemos, el cerebro está dividido en dos hemisferios. Estos dos lados del cerebro no solo están separados anatómicamente, sino que, además, desempeñan funciones muy distintas. Hay quien dice incluso que los dos hemisferios tienen sus propias personalidades y actúan cada uno por su cuenta. La comunidad científica llama modalidad del hemisferio derecho y modalidad del hemisferio izquierdo a la manera en que cada uno de los lados del cerebro nos influye. Pero, por una cuestión de simplicidad, nos atendremos al uso más corriente y hablaremos del cerebro derecho y del cerebro izquierdo.

Tu cerebro izquierdo desea y disfruta con el orden. Es *lógico, literal, lingüístico* (le gustan las palabras) y *lineal* (coloca las cosas conforme a una secuencia o en orden). A tu cerebro izquierdo le encanta que estas cuatro palabras empiecen por la letra «ele». (También le encantan las listas.)

El cerebro derecho, en cambio, es holístico y no verbal, y envía y recibe señales que nos permiten comunicarnos, como las expresiones faciales, el contacto visual, el tono de voz, las posturas y los gestos. En lugar de interesarse en los detalles y el orden, nuestro cerebro derecho se ocupa de la impresión general –el significado y la sensación de una experiencia– y se especializa en las imágenes, las emociones y los recuerdos personales. Las «sensaciones viscerales» y los «sentimientos del corazón» nos vienen del cerebro derecho. Algunos dicen que el cerebro derecho es más intuitivo y emocional, y emplearemos estos términos en las próximas páginas como la forma más conveniente de referirnos a las funciones del cerebro derecho. Pero cabe señalar que en rigor es más preciso decir que este lado del cerebro está influido más directamente por el cuerpo y las zonas inferiores del cerebro, que le permiten recibir e interpretar la información emocional. Simplificando, la idea básica es que el cerebro izquierdo es lógico, lingüístico y literal, mientras que el cerebro derecho es emocional, no verbal, experiencial y autobiográfico, y le es del todo indiferente que estas palabras no empiecen por la misma letra.

Puede verse de la siguiente manera: al cerebro izquierdo le preocupa la *letra de la ley* (más palabras con «ele»). Como ya sabes, a medida que los niños se hacen mayores, se les da mejor emplear cierta clase de pensamiento del cerebro izquierdo, como por ejemplo: «¡No la he empujado! La he apartado». El cerebro derecho, en cambio, se preocupa por el *espíritu de la ley*, por las emociones y las experiencias en las relaciones personales. El izquierdo se centra en el texto; el derecho tiene que ver con el contexto. Fue el cerebro derecho no lógico, emocional, el que impulsó a Katie a gritar a su padre: «¡Me moriré si me dejas!».

Desde el punto de vista del desarrollo, en los niños muy pequeños predomina el hemisferio derecho, sobre todo durante los primeros tres años. Estos todavía no dominan la capacidad de emplear la lógica y las palabras para expresar sus sentimientos, y viven totalmente en el presente: por eso de pronto son capaces de dejarlo todo, agacharse y quedarse absortos observando a una mariquita recorrer la acera, sin importarles en absoluto llegar tarde a la clase de música. Para ellos la lógica, las responsabilidades y el tiempo todavía no existen. Pero cuando un niño pequeño empieza a preguntar «¿Por qué?» continuamente, sabemos que su cerebro izquierdo empieza a activarse. ¿Y cómo lo sabemos? Porque a nuestro cerebro izquierdo le gusta conocer las relaciones lineales de causa-efecto que existen en el mundo y expresar esa lógica a través del lenguaje.

DOS MITADES HACEN UN TODO: COMBINAR EL IZQUIERDO Y EL DERECHO

Para llevar una vida equilibrada, valiosa y creativa, llena de relaciones personales bien conectadas, es crucial que nuestros dos hemisferios actúen conjuntamente. La arquitectura misma del cerebro está diseñada para ello. Por ejemplo, el cuerpo calloso es un haz de fibras que discurre por el centro del cerebro, conectando el hemisferio derecho y el izquierdo. La comunicación que tiene lugar entre los dos lados de nuestro cerebro se lleva a cabo a través de estas fibras, permitiendo que los dos hemisferios trabajen en equipo, que es exactamente lo que deseamos para nuestros hijos. Queremos que estén *horizontalmente integrados*, para que los dos lados de su cerebro puedan actuar en armonía. De ese modo, nuestros hijos valorarán tanto su lógica como sus emociones; estarán equilibrados y podrán entenderse a sí mismos y al mundo en general.

El cerebro posee dos lados por una razón: al tener cada uno funciones especializadas, podemos alcanzar objetivos más complejos

y llevar a cabo tareas más elaboradas e intrincadas. Cuando los dos lados del cerebro no están integrados, surgen problemas importantes y acabamos accediendo a nuestras experiencias más desde un lado que desde el otro. Emplear únicamente el cerebro derecho o el izquierdo sería como intentar nadar usando un solo brazo. Es posible que podamos hacerlo, pero ¿no nos iría mucho mejor –y no evitaríamos nadar en círculos– si empleáramos los dos brazos a la vez?

Lo mismo sucede con el cerebro. Veamos qué ocurre con nuestras emociones, por ejemplo. Son fundamentales si hemos de vivir de una manera plena, pero no queremos que dominen nuestra vida por completo. Si nuestro cerebro derecho asumiera el control y prescindiéramos de la lógica del cerebro izquierdo, nos sentiríamos como si nos ahogáramos en imágenes, sensaciones corporales, y en lo que percibiríamos como un aluvión emocional. Pero tampoco queremos usar exclusivamente el cerebro izquierdo, separando la lógica y el lenguaje de los sentimientos y las experiencias personales. Eso sería como vivir en un desierto emocional.

El objetivo es evitar vivir tanto en un aluvión emocional como en un desierto emocional. Queremos que nuestras imágenes no racionales, los recuerdos autobiográficos y las emociones vitales desempeñen sus importantes funciones, pero también deseamos integrarlos en esa parte de nosotros mismos que da orden y estructura a nuestra vida. Cuando el padre de Katie la dejaba en la escuela y ella montaba números, actuaba movida principalmente por el cerebro derecho. Por consiguiente, Thomas presenciaba un aluvión emocional ilógico, en el que el cerebro derecho emocional de Katie no funcionaba de una manera coordinada con su cerebro izquierdo lógico.

Es importante señalar que no son solo los aluviones emocionales de nuestros hijos los que causan problemas. Un desierto emocional, donde se pasan por alto o se niegan los sentimientos y el cerebro derecho, no es más sano que un aluvión. Vemos esta reacción con mayor frecuencia en los niños mayores. Por ejemplo, Dan cuenta una anécdota de una niña de doce años que fue a verlo y le habló de una situación que muchos de nosotros hemos experimentado:

> Amanda mencionó una pelea que tuvo con su mejor amiga. Yo sabía por su madre que esta discusión había sido muy dolorosa para Amanda, pero cuando me habló de ella, se limitó a encogerse de hombros y, mirando por la ventana, dijo: «En realidad no me importa si no volvemos a hablarnos. De todos modos, me irrita». La expresión en su rostro parecía fría y resignada, pero en el pequeño temblor de su labio inferior y el leve parpadeo, casi como una palpitación, percibí las señales no verbales del hemisferio derecho que revelaban lo que podríamos llamar sus «verdaderos sentimientos». El rechazo es doloroso, y en ese momento Amanda se enfrentó a esa sensación de vulnerabilidad mediante una «retirada al lado izquierdo», precipitándose al desierto emocional del cerebro izquierdo, árido pero predecible y controlable.
>
> Tuve que ayudarla a entender que pese al dolor que le suponía pensar en el conflicto con su amiga, debía prestar atención a lo que ocurría en su cerebro derecho, e incluso valorarlo, ya que ese lado del cerebro está conectado más directamente con nuestras sensaciones corporales y con el producto de las partes inferiores del cerebro que se combinan para crear las emociones. Cuando estamos disgustados, puede parecernos más seguro apartarnos de esa conciencia impredecible del lado derecho y retirarnos a la tierra lógica más predecible y controlada del izquierdo.
>
> La clave para ayudar a Amanda consistía en que yo sintonizara con esos sentimientos verdaderos con cuidado. No le señalé de

buenas a primeras que ella escondía, incluso a sí misma, el daño que le había hecho esa persona tan importante en su vida. En lugar de eso, me permití sentir lo que ella sentía, y luego intenté comunicarme desde mi cerebro derecho con su cerebro derecho. Por medio de expresiones y posturas, le di a entender que yo estaba en verdadera sintonía con sus emociones. Esa sintonía la ayudó a «sentirse sentida»: le permitió saber que no estaba sola, que me interesaba lo que ella sentía en su interior, no solo lo que hacía exteriormente. A continuación, una vez establecida esa sensación de conexión entre ella y yo, las palabras brotaron de una manera más natural entre los dos y pudimos empezar a hurgar en el fondo de lo que sucedía en su interior. Al pedirle que contara la pelea con su mejor amiga y obligarla a interrumpirse en diferentes momentos del relato para observar sutiles cambios en sus sentimientos, conseguí que Amanda volviera a acercarse a sus verdaderas emociones y la ayudé a enfrentarse a ellas de una manera productiva. Fue así como intenté conectar con su cerebro derecho, donde predominan los sentimientos, las sensaciones corporales y las imágenes, y también con su cerebro izquierdo, donde predominan las palabras y la capacidad de contar la historia lineal de la experiencia. Cuando vemos cómo sucede esto en el cerebro, podemos entender el modo en que la unión entre los dos lados puede cambiar por completo el resultado de una interacción.

No queremos que nuestros hijos sufran. Pero al mismo tiempo queremos que vayan más allá del mero hecho de superar los momentos difíciles; queremos que se enfrenten a sus problemas y que crezcan con ellos. Cuando Amanda se retiró al lado izquierdo, escondiéndose de todas las emociones dolorosas que circulaban por su cerebro derecho, negó una parte importante de sí misma cuya existencia necesitaba reconocer.

La negación de nuestras emociones no es el único peligro que corremos cuando nos apoyamos demasiado en el cerebro izquierdo. También podemos volvernos demasiado literales, perdiendo el sentido de la perspectiva, y entonces pasamos por alto el significado que se obtiene al situar las cosas en un contexto (una especialidad del cerebro derecho). Esa es en parte la razón por la que a veces tu hija de ocho años se pone a la defensiva y se enfada cuando le haces una broma inocente. Recuerda que el cerebro derecho se ocupa de la interpretación de las señales no verbales. Así pues, sobre todo si tu hija está cansada o malhumorada, puede que solo se fije en tus palabras y pase por alto el tono jovial y el guiño que las ha acompañado.

Hace poco Tina vivió un curioso ejemplo de lo que puede suceder cuando el cerebro izquierdo literal domina demasiado. Cuando su hijo menor cumplió un año, Tina encargó el pastel en una tienda del barrio. Pidió un «pastel magdalena», que consiste en varias magdalenas glaseadas que, juntas, parecen un gran pastel. Al encargarlo, dijo al pastelero que escribiera el nombre de su hijo –J. P.– en el pastel magdalena. Pero cuando recogió el pastel antes de la fiesta, enseguida reparó en un problema, el pastelero había escrito: «J. P., en el pastel magdalena». Esto demuestra lo que puede pasar cuando una persona se vuelve demasiado literal a causa del predominio del cerebro izquierdo.

Así pues, el objetivo es ayudar a nuestros hijos a usar los dos lados del cerebro a la vez: a integrar los hemisferios izquierdo y derecho. Recordemos el río de bienestar del que hemos hablado antes, con el caos en una orilla y la rigidez en la otra. Definimos la salud mental como el avance armonioso y continuo entre estos dos extremos. Al ayudar a nuestros hijos a conectar el lado izquierdo y el derecho, les damos una mayor posibilidad de evitar las orillas del caos y la rigidez, y de vivir en la corriente flexible de la salud mental y la felicidad.

Integrar el cerebro izquierdo y el derecho ayuda a los niños a no acercarse demasiado a ninguna de las dos orillas. Cuando las emociones no procesadas en su cerebro derecho no se combinan con la lógica del izquierdo, los niños se comportarán como Katie, acercándose demasiado a la orilla del caos. Eso significa que debemos ayudarlos para que hagan intervenir el cerebro izquierdo, y así verán las cosas en perspectiva y manejarán sus emociones de un modo positivo. Análogamente, si niegan sus emociones y se retiran al lado izquierdo, como hacía Amanda, se arriman a la orilla de la rigidez. En este caso, tenemos que ayudarlos para que hagan intervenir más el cerebro derecho, y así estarán abiertos a la entrada de información y experiencias nuevas.

¿Cómo podemos promover, pues, la integración horizontal en el cerebro de nuestro hijo? He aquí dos estrategias que puedes emplear inmediatamente cuando surgen «oportunidades de integración» en la familia. Por medio de estas técnicas, avanzarás enseguida hacia la integración de los hemisferios izquierdo y derecho del cerebro de tu hijo.

Lo que puedes hacer:
Ayudar a tu hijo a trabajar desde los dos lados del cerebro
Estrategia del cerebro pleno n° 1:
Conecta y redirige: deslízate por las olas emocionales

Una noche el hijo de Tina, de siete años, se presentó en el salón poco después de irse a la cama diciendo que no podía dormir. Claramente alterado, explicó: «¡Estoy enfadado porque nunca me dejas una nota por la noche!». Sorprendida de un estallido tan inusual, Tina contestó: «No sabía que querías que te la dejara». En respuesta, el niño soltó toda una andanada de quejas: «¡Nunca me haces cosas bonitas, y estoy enfadado porque todavía faltan diez meses para mi cumpleaños, y no aguanto los deberes!».

¿Lógico? No. ¿Te suena de algo? Sí. Todos los padres experimentan momentos en que sus hijos dicen cosas y se quejan en apariencia sin motivo alguno. Un tropiezo así puede ser frustrante, sobre todo cuando creemos que nuestro hijo tiene ya edad suficiente para comportarse de una manera racional y mantener una conversación lógica. Pero, de pronto, se altera por algo absurdo, y parece que por mucho que intentemos hacerlo entrar en razón, no hay nada que hacer.

Basándonos en nuestros conocimientos sobre los dos lados del cerebro, sabemos que el hijo de Tina experimentaba grandes oleadas de emociones del cerebro derecho sin el equilibrio lógico proporcionado por el cerebro izquierdo. En un momento así, una de las respuestas menos eficaces que podía dar Tina era ponerse directamente a la defensiva («¡Claro que te hago cosas bonitas!») o discutir con su hijo para enseñarle su lógica defectuosa («No puedo hacer nada para que tu cumpleaños sea antes. En cuanto a los deberes, eso simplemente es algo que debes hacer»). Esta clase de respuesta lógica, del cerebro izquierdo, chocaría con la pared poco receptiva del cerebro derecho y crearía un abismo entre los dos. Al fin y al cabo, el cerebro izquierdo lógico del niño estaba en ese momento totalmente inactivo. Por consiguiente, si Tina hubiese respondido con el izquierdo, su hijo habría sentido que ella no lo entendía o que no le importaba lo que sentía. Se hallaba inmerso en un aluvión emocional, no racional, del cerebro derecho, y una respuesta del cerebro izquierdo habría tenido todas las de perder.

Aunque habría sido casi automático (y muy tentador) preguntarle «Pero ¿de qué estás hablando?» u ordenarle que volviera a la cama de inmediato, Tina se contuvo. En lugar de eso, empleó la técnica de conectar y redirigir. Lo estrechó, le frotó la espalda y, con tono maternal, dijo: «A veces las cosas se ponen difíciles, ¿verdad que sí? Yo nunca te olvidaría. Siempre te tengo presente, y quiero que sepas en todo momento lo especial que eres para mí». Lo abrazó mientras él le explicaba que a veces sentía que ella le hacía más caso a su hermano menor que a él, y que los deberes le ocupaban demasiado tiempo. Tina advirtió que su hijo se relajaba y ablandaba a medida que hablaba. Sentía que lo escuchaban y se preocupaban por él. A continuación, Tina abordó brevemente los temas concretos que él había mencionado, ya que ahora estaba más receptivo para intentar solucionar los problemas y planificar, y acordaron seguir hablando por la mañana.

En momentos así, los padres se preguntan si su hijo realmente está necesitado o solo intenta eludir irse a la cama. Una educación inspirada en el cerebro pleno no conlleva dejarse manipular ni tiene por qué reforzar la mala conducta. Al contrario, si entendemos cómo funciona el cerebro de nuestros hijos, podemos conseguir su cooperación mucho antes y a menudo con menos dramatismo. En este caso, al entender Tina lo que sucedía en el cerebro de su hijo, se dio cuenta de que la respuesta más eficaz era conectar con su cerebro derecho. Lo escuchó y consoló, usando su propio cerebro derecho, y en menos de cinco minutos él ya había vuelto a la cama. Si, por el contrario, ella se hubiese puesto dura y le hubiese reñido por levantarse de la cama, empleando la lógica del cerebro izquierdo y la letra de la ley, los dos se habrían alterado cada vez más, y el niño habría necesitado mucho más de cinco minutos para calmarse y dormirse.

Lo importante de esto es que Tina respondió mostrando preocupación y afecto maternal. Aunque los problemas de su hijo a ella le parecieran tontos y quizá ilógicos, él sentía sinceramente que las cosas no eran justas y que sus quejas estaban justificadas.

Conectando con él, conectando su cerebro derecho con el cerebro derecho del niño, Tina pudo transmitirle que sintonizaba con sus sentimientos. Aun cuando el niño estuviera eludiendo irse a dormir, esta respuesta del cerebro derecho era el enfoque más eficaz, ya que no solo permitió a Tina responder a la necesidad del niño de conectarse, sino también a redirigirlo a la cama antes. En lugar de luchar contra las enormes olas del aluvión emocional, Tina se deslizó sobre ellas respondiendo a su cerebro derecho.

Esta anécdota señala una idea importante: *cuando un niño está alterado, la lógica no suele surtir efecto hasta que hayamos respondido a las necesidades emocionales del cerebro derecho.* A esta conexión emocional la llamamos «sintonización», que es la forma de conectarnos profundamente con otra persona y permitir con ello que esa persona «se sienta sentida». Cuando un padre o una madre y su hijo sintonizan, experimentan la sensación de estar unidos.

El método empleado por Tina con su hijo se llama «conectar y redirigir», y para ello primero debemos ayudar a nuestros hijos a «sentirse sentidos» antes de intentar resolver los problemas o abordar la situación empleando la lógica. He aquí cómo funciona:

Primer paso: conectar con el lado derecho

En nuestra sociedad, estamos acostumbrados a resolver los problemas usando las palabras y la lógica. Pero cuando tu hijo de cuatro años tiene un berrinche porque no puede caminar por el techo imitando a Spiderman (como le pasó una vez al hijo de Tina), probablemente ese no será el mejor momento para darle una lección introductoria a las leyes de la física. O cuando tu hijo de once años se siente dolido porque parece que su hermana recibe un trato preferencial (como sentía a veces el hijo de Dan), la respuesta adecuada no es enseñarle una tarjeta donde has ido anotando el mismo número de reprimendas para cada uno de tus hijos.

En lugar de eso, podemos aprovechar estas oportunidades para comprender que en esos momentos la lógica no es nuestro principal vehículo para introducir cierta cordura en la conversación. (Esto parece lo contrario a la intuición, ¿verdad?) También es esencial tener en cuenta que por mucho que los sentimientos de nuestro hijo nos parezcan frustrantes y absurdos, para él son reales e importantes. Es fundamental tratarlos como tales en nuestra respuesta.

Durante la conversación de Tina con su hijo, al reconocer sus sentimientos, apeló al cerebro derecho de él. También usó señales no verbales como el contacto físico, las expresiones faciales empáticas, un tono maternal, y lo escuchó sin juzgarlo. En otras palabras, empleó su cerebro derecho para conectarse y comunicarse con el cerebro derecho de él. Esta sintonía del lado derecho con el lado derecho contribuyó a equilibrar el cerebro del niño, o a alcanzar un estado más integrado. Fue a partir de ese momento cuando ella pudo empezar a apelar al cerebro izquierdo de su hijo y abordar los puntos concretos que él había planteado. Dicho de otro modo, ese fue el momento de dar el segundo paso, que ayuda a integrar el lado izquierdo y el derecho.

Segundo paso: redirigir con el lado izquierdo

Después de responder con el lado derecho, Tina pudo redirigir con el izquierdo. Pudo redirigir a su hijo explicando de una manera lógica lo mucho que se esforzaba para ser justa, prometiéndole que le dejaría una nota mientras dormía y trazando estrategias con él para su siguiente cumpleaños y para conseguir que los deberes fueran más divertidos. (Hablaron de ello en parte esa noche, pero sobre todo al día siguiente.)

En cuanto Tina hubo conectado su cerebro derecho con el cerebro derecho de su hijo, fue mucho más fácil conectar con su lado izquierdo y tratar los problemas de una manera racional. Al *conectar* primero con el cerebro derecho de su hijo, Tina consiguió *redirigir* con el cerebro izquierdo mediante una explicación lógica y una planificación, obligando al hemisferio izquierdo del niño a sumarse a la conversación. Este enfoque le permitió usar los dos lados de su cerebro de una manera coordinada e integrada.

No estamos diciendo que «conectar y redirigir» siempre dé resultado. Al fin y al cabo, a veces un niño ha ido tan lejos que ya no puede dar marcha atrás y las olas emocionales tienen que romper hasta que amaine el temporal. O puede que el niño solo necesite comer algo o dormir. Al igual que Tina, quizá convenga esperar a que tu hijo se encuentre en un estado más integrado para hablar con él de una manera lógica sobre sus sentimientos y conductas.

Tampoco recomendamos la permisividad o alargar los límites solo porque un niño no piensa lógicamente. Las reglas relativas al respeto y la conducta no deben tirarse por la borda solo porque el hemisferio izquierdo de un niño esté desconectado. Por ejemplo, cualquier conducta que se considere inadecuada en la familia –faltar al respeto, hacer daño a alguien, tirar cosas– debe seguir considerándose prohibida incluso en los momentos de emociones intensas. Puede que sea necesario interrumpir una conducta destructiva y apartar al niño de la situación antes de empezar a conectar y redirigir. Pero pensamos que, usando el enfoque del cerebro pleno, en general conviene hablar de la mala conducta y sus consecuencias *después* de tranquilizar al niño, dado que en medio de un aluvión emocional no es fácil aprender lecciones. Un niño estará mucho más receptivo cuando el cerebro izquierdo vuelva a activarse, y por lo tanto la disciplina será entonces mucho más eficaz. Imagina que eres un socorrista: te acercarás nadando a tu hijo, lo rodearás con los brazos y lo ayudarás a volver a la orilla *antes* de decirle que la próxima vez no se aleje tanto.

Estrategia nº 1
EN LUGAR DE ORDENAR Y EXIGIR...

... INTENTA CONECTAR Y REDIRIGIR

La clave aquí es entender que cuando tu hijo se ahoga en un aluvión emocional del cerebro derecho, te harás un gran favor (y también se lo harás a tu hijo) si conectas antes de redirigir. Este enfoque puede ser un salvavidas que ayude a tu hijo a mantener la cabeza a flote y que, además, impida que tú te hundas con él.

Estrategia del cerebro pleno nº 2:
   Ponle un nombre para domarlo: cuenta historias para aplacar las grandes emociones

Un niño de dos años se cae y se hace un rasguño en el codo. Un niño de preescolar pierde a su querida mascota. Un niño de quinto grado se enfrenta a un matón en la escuela. Cuando un niño experimenta momentos dolorosos, decepcionantes o atemorizantes, puede sentirse abrumado y su cerebro derecho se ve invadido por fuertes emociones y sensaciones corporales. En tales ocasiones, nosotros, como padres, podemos ayudarlos a que hagan intervenir el hemisferio izquierdo para que puedan empezar a entender qué está pasando. Una de las mejores maneras de promover esta clase de integración es ayudando a contar otra vez la experiencia que ha causado dolor o miedo.

Un ejemplo: un día Bella, cuando tenía nueve años, tiró de la cadena y se desbordó el inodoro. Tras la experiencia de ver que el agua salía y se derramaba por el suelo, no quiso (y prácticamente no pudo) volver a tirar de la cadena. Cuando Doug, el padre de Bella, descubrió la técnica «ponle un nombre para domarlo», se sentó con su hija y volvió a describir el episodio del inodoro. Dejó que Bella explicara lo sucedido en la medida de lo posible y la ayudó a añadir los detalles, incluido el persistente temor a tirar de la cadena padecido por ella a partir de ese momento. Después de contar la historia varias veces, los temores de Bella disminuyeron y al final desaparecieron.

¿Por qué volver a contar lo sucedido fue tan eficaz? Lo que hizo Doug fue, en esencia, ayudar a su hija a unir sus cerebros izquierdo y derecho para que pudiera dar sentido a lo que pasó. Cuando ella explicaba el momento en que el agua empezó a derramarse por el suelo y lo mucho que ella se preocupó y asustó, sus dos hemisferios actuaban juntos de una manera integrada. Recurrió al cerebro izquierdo al poner los detalles en orden y expresar la experiencia con palabras, y luego hizo intervenir el cerebro derecho al evocar las emociones que sintió. Así, Doug ayudó a su hija a *poner un nombre* a sus temores y emociones para que a continuación ella pudiera *domarlos*.

A veces nuestros hijos no querrán contar algo que les ha sucedido cuando se lo pidamos. Debemos respetar sus deseos respecto a cómo y cuándo quieren hablar, sobre todo porque forzarlos a compartir será más bien contraproducente. (Piensa en las ocasiones en que prefieres la soledad y no te apetece hablar. ¿Acaso te animas a hablar y a compartir tus sentimientos íntimos cuando te insisten?). Pero sí podemos inducirlos delicadamente empezando a contar la historia nosotros y pidiéndoles que añadan los detalles, y si eso no les interesa, también podemos darles un respiro y dejarlo para mejor ocasión.

Es más probable que tu hijo responda bien si eliges estratégicamente el momento de iniciar esta clase de conversación. Asegúrate de que los dos están del humor adecuado. Los padres experimentados y los terapeutas infantiles dirán asimismo que algunas de las mejores conversaciones con los niños tienen lugar mientras está sucediendo otra cosa. Los niños se sienten mucho más predispuestos a compartir y conversar mientras construyen algo, juegan a las cartas o van en auto, que cuando nos sentamos con ellos y los miramos directamente a la cara y les pedimos que hablen con franqueza. Otro recurso que se puede emplear si a un niño no le apetece hablar es pedirle que haga un dibujo de lo sucedido, o, si tiene edad suficiente, que lo escriba. Si ves que tu hijo se muestra reacio a hablar contigo, anímalo a hacerlo con otra persona: un amigo suyo, otro adulto o incluso un hermano que sepa escuchar.

Los padres saben lo eficaz que puede ser contar historias cuando hay que distraer a los niños o tranquilizarlos, pero la mayoría de la gente no conoce la ciencia que subyace bajo esa fuerza tan poderosa. El lado derecho de nuestro cerebro procesa nuestras emociones y recuerdos autobiográficos, pero el lado izquierdo es el que da sentido a esos sentimientos y recuerdos. La superación de una experiencia difícil se produce cuando el lado izquierdo actúa con el derecho para contar las historias de nuestra vida. Cuando los niños aprenden a prestar atención a sus propias historias y a compartirlas, pueden responder de manera sana a todo, desde un rasguño en el codo hasta una gran pérdida o trauma.

Lo que suelen necesitar los niños, sobre todo cuando experimentan emociones fuertes, es que alguien los ayude a usar su cerebro izquierdo para dar sentido a lo que está sucediendo: para poner orden y dar un nombre a esos sentimientos intensos y terroríficos del cerebro derecho, lo que les permite abordarlos de una manera eficaz. Eso es lo que se consigue contando historias: nos ayuda a entendernos a nosotros mismos y a entender el mundo usando los hemisferios derecho e izquierdo simultáneamente. Para contar una historia que tenga sentido, el cerebro izquierdo debe poner orden, usando las palabras y la lógica. El cerebro derecho contribuye mediante las sensaciones corporales, las emociones no procesadas y los recuerdos personales, para que podamos formarnos una impresión general y comunicar nuestra experiencia. Esta es la explicación científica de por qué escribir un diario y hablar de un acontecimiento difícil puede ser tan eficaz a la hora de ayudarnos a superar una experiencia. De hecho, la investigación ha demostrado que simplemente poner un nombre o una etiqueta a lo que sentimos reduce literalmente la actividad del circuito emocional en el hemisferio derecho.

Por esa misma razón, es importante que los niños de todas las edades cuenten sus historias, ya que los ayuda a entender sus emociones y los acontecimientos que se producen en sus vidas. A veces los padres evitan mencionar experiencias perturbadoras, pensando que hablar de ellas reforzará el dolor de sus hijos o empeorará las cosas. De hecho, a menudo lo que necesitan los niños es precisamente contar la historia, tanto para dar sentido a lo que pasó como para avanzar hacia un lugar donde puedan sentirse mejor con respecto a lo ocurrido. (Recordemos al hijo de Marianna, Marco, de la historia de «Ia uuuh uuuh» en el capítulo 1.) El impulso de entender la razón por la que pasan las cosas es tan poderoso que el cerebro seguirá intentando dar sentido a una experiencia hasta que lo consiga. Como padres, podemos participar en este proceso contando historias.

Eso es lo que hizo Thomas con Katie, la niña que decía a gritos que se moriría si su padre la dejaba en el jardín infantil. Aunque a Thomas lo exasperaba esa situación, resistió el impulso de restar importancia y negar lo que le pasaba a Katie. Gracias a lo que había aprendido, comprendió que el cerebro de su hija estaba relacionando varias circunstancias: que su padre la dejara en el jardín infantil, que vomitara, que su padre se marchara y que ella tuviera miedo. Por consiguiente, cuando llegaba el momento de prepararse para ir al jardín, su cerebro y su cuerpo empezaban a decirle: «Mala idea: jardín infantil = vomitar = papá se va = miedo». Visto así, era lógico que no quisiera ir.

Al darse cuenta de ello, Thomas empleó sus conocimientos sobre los dos hemisferios del cerebro. Sabía que en los niños pequeños como Katie el hemisferio derecho predomina y que todavía no dominan la capacidad de usar la lógica y las palabras para expresar sus sentimientos. Katie sentía las emociones fuertes, pero no era capaz de entenderlas y comunicarlas con claridad, y por tanto se hallaba a su merced. Thomas sabía asimismo que la memoria autobiográfica se almacena en el lado derecho del cerebro, y vio que Katie había vinculado en su memoria todos los detalles de la vomitera, con lo que su hemisferio derecho había intervenido más de la cuenta.

En cuanto Thomas comprendió todo esto, supo que debía ayudar a Katie a dar sentido a esas emociones empleando el hemisferio izquierdo: haciendo intervenir la lógica, poniendo los acontecimientos en orden y asignando palabras a sus sentimientos. Con ese fin, la ayudó a contar una historia sobre lo que sucedió ese día para que ella pudiera emplear los dos lados del cerebro a la vez. Le dijo: «Sé que te cuesta ir al jardín desde que vomitaste. Intentemos recordar el día en que te sentiste mal. Primero, nos preparamos para llevarte, ¿no es así? Acuérdate de que querías ponerte el pantalón rojo. Desayunamos *waffles* con arándanos y luego te lavaste los dientes. Después llegamos al jardín, nos dimos un abrazo y nos dijimos adiós. Empezaste a pintar en la mesa de actividades y yo me despedí con la mano. ¿Y qué pasó cuando me fui?».

Katie contestó que vomitó. Thomas continuó: «Ya. Y yo ya sé que eso es muy desagradable, ¿verdad que sí? Pero entonces la señorita LaRussa te cuidó muy bien y se dio cuenta de que necesitabas a tu papi, así que me llamó y yo fui enseguida. ¿Verdad que tienes suerte de tener una maestra que cuidara de ti hasta que llegó tu papi? ¿Y después qué pasó? Yo te cuidé y te sentiste mejor». A continuación Thomas insistió mucho en que fue al jardín infantil de inmediato y todo marchó bien, y luego aseguró a Katie que siempre estaría a su lado cuando ella lo necesitara.

Al poner en orden de esta manera los detalles narrativos, Thomas contribuyó a que su hija empezara a dar sentido a lo que experimentaba con sus emociones y en su cuerpo. Después la ayudó a crear asociaciones nuevas en la línea de que el jardín era un lugar divertido y seguro, recordándole diversos aspectos que a ella le encantaban. Escribieron e ilustraron un libro entre los dos que contaba lo sucedido y mostraba los lugares preferidos de ella en el aula. Como suelen hacer los niños, Katie quiso leer su libro casero una y otra vez.

Pronto Katie volvió a ir a la escuela con ganas, y la experiencia dejó de ejercer tanto poder sobre ella. De hecho, descubrió que podía superar el miedo con el apoyo de las personas que la querían. A medida que Katie se haga mayor, su padre seguirá ayudándola a dar sentido a sus experiencias; este proceso de narración de historias se convertirá en una manera natural de enfrentarse a las situaciones difíciles y le proporcionará una poderosa herramienta para enfrentarse a la adversidad en la edad adulta y a lo largo de toda su vida.

Incluso los niños mucho más pequeños que Katie –de hasta diez o doce meses– responden bien a la narración de historias. Por ejemplo, imaginemos que una niña de uno o dos años se ha caído y se ha hecho un rasguño en la rodilla. Su cerebro derecho, que vive por completo en el presente y está en contacto con su cuerpo y sus miedos, siente dolor. A cierto nivel, la niña teme que el dolor no se vaya nunca. Cuando la madre vuelve a contar la historia de su caída, expresando la experiencia con palabras y poniendo orden, ayuda a su hija a emplear y desarrollar el hemisferio izquierdo, explicando lo que pasó –simplemente se cayó– para que ella pueda entender por qué le duele.

No subestimes el poder de una historia para captar la atención de un niño. Pruébalo si tienes un hijo pequeño: te sorprenderá lo útil que puede ser, y lo dispuesto que estará él a partir de entonces a participar en la narración de historias cuando se haga daño o tenga miedo.

Esta técnica de «poner un nombre para domarlo» es igual de eficaz con los niños mayores. Laura, una madre conocida nuestra, la usó con su hijo Jack, que a los diez años había sufrido un pequeño (pero traumático) accidente en bicicleta y cada vez que pensaba usarla se ponía muy nervioso. Veamos cómo lo ayudó Laura a contar lo que pasó para que él pudiera empezar a entender lo que le sucedía por dentro:

LAURA: ¿Te acuerdas de lo que ocurrió cuando te caíste?

JACK: Estaba mirándote mientras cruzábamos la calle. Y no vi la rejilla de la alcantarilla.

LAURA: ¿Y entonces qué pasó?

JACK: La rueda se quedó atascada y la bici se inclinó hacia un lado y se me cayó encima.

LAURA: Y eso te asustó, ¿verdad?

JACK: Sí, no sabía qué hacer… Es que me caí en medio de la calle, y no sabía qué pasaba.

LAURA: Eso debió de ser espantoso, que te ocurra algo así tan inesperadamente. ¿Te acuerdas de lo que pasó después?

A continuación, Laura ayudó a Jack a contar todo lo que pasó. Juntos comentaron que, al final, Jack superó el mal trago con unas cuantas lágrimas, palabras de consuelo, curitas y la reparación de la bicicleta. De ahí pasaron a hablar de la necesidad de estar atentos a las rejillas de las alcantarillas y al tráfico que viene de frente, lo que ayudó a Jack a liberarse de algunos de sus sentimientos de impotencia.

Obviamente, los detalles de una conversación como esta variarán según la situación. Pero cabe señalar la manera en que Laura sonsacó la historia a su hijo, dejándolo desempeñar un papel

Estrategia nº 2
EN LUGAR DE RESTAR IMPORTANCIA Y NEGAR...

... INTENTA PONERLE UN NOMBRE PARA DOMARLO

activo en el proceso de la narración. Ella actuó básicamente como una facilitadora, ayudando a poner en orden los detalles de lo ocurrido. Así es como las historias nos permiten avanzar y dominar los momentos en que sentimos que no controlamos la situación. Cuando podemos expresar con palabras las experiencias que nos asustaron y nos hicieron daño –cuando nos *reconciliamos* literalmente con ellas–, a menudo nos dan mucho menos miedo y son menos dolorosas. Cuando ayudamos a nuestros hijos a poner un nombre a sus dolores y temores, los ayudamos a domarlos.

Los niños de cerebro pleno:
  Da a conocer a tus hijos los dos lados del cerebro

En este capítulo, te hemos dado varios ejemplos de cómo ayudar a tus hijos a integrar los cerebros derecho e izquierdo. También puede ser útil hablar con ellos y explicarles algunos puntos básicos de la información que acabamos de proporcionar. Para ayudarte, aquí hay algo que puedes leer con tus hijos. Lo hemos escrito pensando en niños de entre cinco y nueve años, pero debes convertirlo en tu propio texto y adaptarlo a la edad y la etapa de desarrollo de cada niño.

LOS NIÑOS DE CEREBRO PLENO
Da a conocer a tus hijos los dos lados del cerebro

TU CEREBRO IZQUIERDO Y TU CEREBRO DERECHO

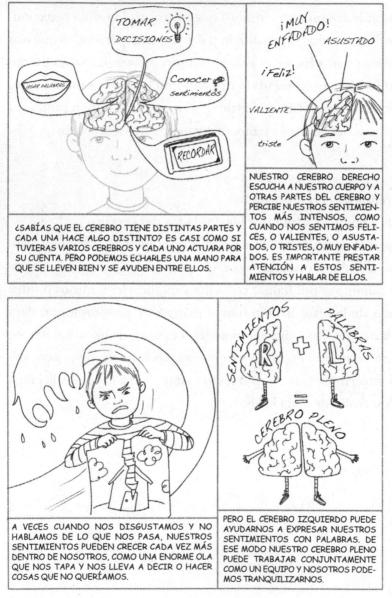

¿SABÍAS QUE EL CEREBRO TIENE DISTINTAS PARTES Y CADA UNA HACE ALGO DISTINTO? ES CASI COMO SI TUVIERAS VARIOS CEREBROS Y CADA UNO ACTUARA POR SU CUENTA. PERO PODEMOS ECHARLES UNA MANO PARA QUE SE LLEVEN BIEN Y SE AYUDEN ENTRE ELLOS.

NUESTRO CEREBRO DERECHO ESCUCHA A NUESTRO CUERPO Y A OTRAS PARTES DEL CEREBRO Y PERCIBE NUESTROS SENTIMIENTOS MÁS INTENSOS, COMO CUANDO NOS SENTIMOS FELICES, O VALIENTES, O ASUSTADOS, O TRISTES, O MUY ENFADADOS. ES IMPORTANTE PRESTAR ATENCIÓN A ESTOS SENTIMIENTOS Y HABLAR DE ELLOS.

A VECES CUANDO NOS DISGUSTAMOS Y NO HABLAMOS DE LO QUE NOS PASA, NUESTROS SENTIMIENTOS PUEDEN CRECER CADA VEZ MÁS DENTRO DE NOSOTROS, COMO UNA ENORME OLA QUE NOS TAPA Y NOS LLEVA A DECIR O HACER COSAS QUE NO QUERÍAMOS.

PERO EL CEREBRO IZQUIERDO PUEDE AYUDARNOS A EXPRESAR NUESTROS SENTIMIENTOS CON PALABRAS. DE ESE MODO NUESTRO CEREBRO PLENO PUEDE TRABAJAR CONJUNTAMENTE COMO UN EQUIPO Y NOSOTROS PODEMOS TRANQUILIZARNOS.

POR EJEMPLO:

Integrarnos: Conectar nuestros cerebros derecho e izquierdo

Ahora que ya sabes más cosas sobre los lados derecho e izquierdo del cerebro, piensa en tu propia integración. Cuando ejerces de padre o madre, ¿predomina demasiado tu cerebro derecho? ¿Te dejas llevar a menudo por los aluviones emocionales, ahogando a tus hijos con tu propio caos y tus miedos? ¿O tal vez tiendes a vivir en el desierto emocional del cerebro izquierdo, por lo que reaccionas con rigidez y te cuesta interpretar y responder a las emociones y necesidades de tus hijos?

He aquí las palabras de una madre conocida nuestra que se dio cuenta de que en sus interacciones con su hijo usaba principalmente un único lado de su cerebro:

Yo me crié en una familia de militares. ¡Huelga decir que no soy muy tocona y sensiblera! Soy veterinaria y estoy acostumbrada a resolver problemas, cosa que no me es de mucha ayuda en el campo de la empatía.

Cuando mi hijo lloraba o se llevaba un disgusto, yo intentaba tranquilizarlo para ayudarlo a resolver el problema. Eso no servía de nada y a menudo exacerbaba el llanto, así que lo dejaba solo y esperaba a que se calmara.

Hace poco descubrí que primero debía intentar conectar el cerebro derecho con el cerebro izquierdo, lo cual era una idea totalmente nueva para mí. Ahora abrazo a mi hijo, lo escucho e incluso intento ayudarlo a contar lo que le pasó, usando los cerebros derecho e izquierdo a la vez. Después hablamos de la conducta o solucionamos el problema. Ahora intento recordar que primero debo conectar y luego solucionar.

Requirió cierta práctica, pero cuando me relacionaba con mi hijo primero en el plano emocional, usando mi cerebro derecho, junto con el izquierdo, en lugar de usar solo el izquierdo, todo lo demás iba como la seda, y nuestra relación en general también mejoró.

Esta madre comprendió que al pasar por alto partes de su propio cerebro derecho, estaba perdiéndose oportunidades importantes de conectar con su hijo y de favorecer el desarrollo del cerebro derecho del niño.

Una de las mejores maneras de promover la integración en nuestros hijos es estando más integrados nosotros mismos. (Hablaremos de esto más detenidamente en el capítulo 6, al explicar las neuronas espejo.) Cuando los cerebros izquierdo y derecho están integrados, podemos abordar la paternidad desde una posición racional, sólida, la del cerebro izquierdo —una posición que nos permite tomar decisiones importantes, resolver problemas e imponer límites—, y también desde una posición conectada emocionalmente, la del cerebro derecho, en la que somos conscientes de los sentimientos y las sensaciones de nuestro cuerpo y de nuestras emociones, para poder responder afectuosamente a las necesidades de nuestros hijos. De este modo, ejerceremos la tarea de ser padres con nuestro propio cerebro pleno.

Una tarde Jill oyó gritos y alboroto en la habitación de su hijo de seis años, Grant. Gracie, de cuatro años, había encontrado el cofre del tesoro de su hermano, había cogido su «cristal más rarísimo» y luego lo había perdido. Justo cuando Jill llegaba a la habitación, oyó decir a Gracie con el mayor desprecio: «¡No es más que una piedra estúpida y me alegro de haberla perdido!».

Jill miró a su hijo, que apretaba los puños y se ponía cada vez más rojo. Seguro que ya has vivido momentos así con tu hijo, en los que una situación se mantiene en precario equilibrio pero está a punto de estallar. Todavía es posible salvarla y encauzar las cosas hacia una resolución pacífica y provechosa. De lo contrario, puede tomar la dirección inversa y pasar al caos, la anarquía e incluso la violencia.

Y todo depende de que tu querido niño contenga un impulso. De que aplaque sus intensos sentimientos. De que tome una buena decisión.

Caray.

En este caso, Jill enseguida vio las señales de lo que iba a ocurrir: Grant estaba perdiendo el control y desde luego no iba a tomar una buena decisión. Vio la ira en su mirada y oyó los inicios de un gruñido primitivo que empezaba a escapar de su garganta. Cuando el niño inició rápidamente el corto recorrido que lo separaba de su hermana, Jill avanzó paso a paso junto a él. Por suerte, fue más veloz que Grant y lo interceptó antes de que llegara hasta Grace. Lo levantó en brazos y lo retuvo mientras él agitaba violentamente los brazos y las piernas en el aire sin parar de gritar. Cuando por fin el niño dejó de forcejear, Jill lo soltó. Grant miró entre lágrimas a su hermana, que en el fondo lo adoraba e idealizaba, y dijo con la mayor serenidad: «Eres la peor hermana del mundo».

Cuando Jill contó esta anécdota a Dan, explicó que el último torpedo verbal había dado en el blanco y provocado en Grace las teatrales lágrimas que Grant buscaba. Aun así, Jill se alegró de haber estado presente, porque de lo contrario su hijo habría causado un daño físico, no solo emocional. La pregunta que planteó a Dan es la misma que nos hacen muchos padres: *Me es imposible estar con mis hijos cada segundo del día. ¿Cómo puedo enseñarles a hacer lo correcto y a controlarse incluso cuando no estoy presente?*

Una de las aptitudes más importantes que podemos enseñar a nuestros hijos es a tomar decisiones correctas en situaciones de emociones intensas como esa a la que se enfrentó Grant. Queremos que se detengan un momento antes de actuar, que se planteen las consecuencias, que tomen en consideración los sentimientos de los demás, que emitan juicios éticos y morales. A veces se comportan de una manera de la que nos enorgullecemos. Y a veces no.

¿Cómo es que nuestros hijos eligen tan bien sus acciones en determinados momentos y tan mal en otros? ¿Por qué ciertas situaciones nos llevan a darles palmadas en la espalda y otras a levantar las manos en un gesto de impotencia? Bueno, existen buenas razones que tienen que ver con lo que ocurre en las partes superior e inferior del cerebro de un niño.

LA ESCALERA MENTAL: INTEGRAR EL CEREBRO SUPERIOR Y EL CEREBRO INFERIOR

Podemos hablar del cerebro de muchas maneras. En el capítulo 2, nos hemos centrado en los dos hemisferios, el izquierdo y el derecho. Ahora vamos a verlo de arriba hacia abajo, o en realidad de abajo hacia arriba.

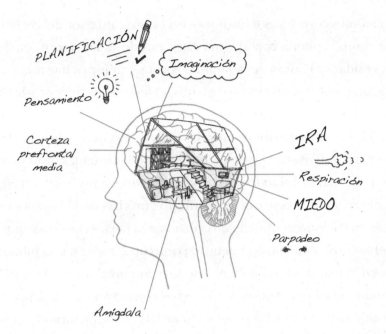

PLANIFICACIÓN

Imaginación

Pensamiento

Corteza
prefrontal
media

IRA

Respiración

MIEDO

Parpadeo

Amígdala

Imaginemos que nuestro cerebro es una casa, con una planta inferior y otra superior. La planta baja incluye el tronco cerebral y el sistema límbico, situados en la parte inferior del cerebro, desde lo alto del cuello hasta aproximadamente el caballete de la nariz. Según los científicos, estas zonas inferiores son más primitivas porque se ocupan de funciones básicas (como la respiración y el parpadeo), de reacciones innatas e impulsos (como la lucha y la huida) y de las emociones fuertes (como la ira y el miedo). Cada vez que nos estremecemos instintivamente durante un partido de béisbol de nuestro hijo porque una bola mala se va a las gradas, es nuestro cerebro inferior el que está cumpliendo con su cometido. Lo mismo puede decirse cuando enrojecemos de ira porque, después de pasarnos veinte minutos convenciendo a nuestra hija de preescolar de que no tiene nada que temer en la consulta del dentista, aparece la auxiliar del dentista y anuncia delante de la niña: «Tendremos que ponerle una inyección para anestesiarla». Nuestra ira se produce –junto con otras emociones fuertes, ciertas funciones corporales e instintos– en la parte inferior del cerebro. Es como la planta baja de una casa, donde se satisfacen muchas necesidades básicas de la familia. Ahí casi siempre hay una cocina, un comedor, un cuarto de baño, etcétera. Las necesidades básicas quedan cubiertas en la planta inferior.

El cerebro superior es muy distinto. Se compone de la corteza cerebral y sus distintas partes, destacando las situadas justo detrás de la frente, incluido lo que se llama la corteza prefrontal media. A diferencia de nuestro cerebro inferior, más básico, el superior está más evolucionado y puede ofrecernos una perspectiva más amplia del mundo. Podemos concebirlo como un estudio o una biblioteca en la planta superior, llenos de luz, con muchas ventanas y claraboyas que nos permiten ver las cosas con mayor claridad. Aquí es donde tienen lugar los procesos mentales más intrincados, como el pensamiento, la imaginación y la planificación. Mientras que el cerebro inferior es más primitivo, el superior es muy complejo: controla parte del pensamiento analítico y de orden superior más importante. Debido a su sofisticación y complejidad, es responsable de muchas de las aptitudes que esperamos ver en nuestros hijos:

- ✓ Tomar decisiones y planificar con sensatez
- ✓ Controlar las emociones y el cuerpo
- ✓ Entenderse a sí mismo
- ✓ Sentir empatía
- ✓ Tener sentido de la ética

Un niño cuyo cerebro superior funciona como es debido presentará algunas de las aptitudes más importantes de una persona madura y sana. Con ello no queremos decir que sea sobrehumano o que nunca manifieste una conducta infantil. Pero cuando el cerebro superior funciona bien, el niño puede regular sus emociones, plantearse las consecuencias, pensar antes de actuar y tener en cuenta los sentimientos de los demás, todo lo cual lo ayudará a progresar en los distintos ámbitos de la vida, además de ayudar a su familia a sobrevivir a las dificultades cotidianas.

Como cabría esperar, el cerebro de una persona funciona mejor cuando la parte inferior y la parte superior están integradas. Así pues, el objetivo de los padres debería ser ayudar a construir y reforzar la escalera metafórica que comunica el cerebro superior e inferior de un niño para que ambos trabajen en equipo. Una vez colocada una escalera que cumpla bien su función, las partes superior e inferior del cerebro estarán *integradas verticalmente*. Eso significa que la superior puede supervisar las acciones de la inferior y contribuir a aplacar las reacciones extremas, los impulsos y las emociones originadas allí. Pero la integración vertical también actúa en dirección contraria, pues el cerebro inferior y el cuerpo (los cimientos de la casa) realizan importantes contribuciones de «abajo arriba». Al fin y al cabo, no queremos que se tomen decisiones importantes en el cerebro superior sin la aportación de las emociones, los instintos y el cuerpo. Por el contrario, debemos tener en cuenta nuestros sentimientos emocionales y físicos –originados en el cerebro inferior– antes de usar el superior para decidir un plan de acción. Una vez más, pues, la integración permite un flujo libre entre las partes inferior y superior del cerebro. Contribuye a construir la escalera, para que las distintas partes del cerebro puedan coordinarse y trabajar juntas como un todo.

LA PLANTA SUPERIOR INACABADA: ESTABLECER EXPECTATIVAS ADECUADAS PARA TUS HIJOS

Aunque queramos ayudar a construir esta escalera metafórica en el cerebro de nuestro hijo, hay dos razones importantes para mantener expectativas realistas en lo que se refiere a la integración. La primera tiene que ver con el desarrollo: así como el cerebro inferior está plenamente desarrollado ya al nacer, el superior no alcanza la madurez completa hasta bien pasados los veinte años. De hecho, es una de las partes del cerebro que más tarda en desarrollarse. El cerebro superior se construye a marchas forzadas durante los primeros años de vida, y luego, en la adolescencia, pasa por una amplia remodelación que dura hasta la edad adulta.

Imagina la planta baja de una casa que está acabada y totalmente amueblada, pero cuando alzas la mirada y ves la primera planta, adviertes que está a medio construir y llena de herramientas. Incluso se ve el cielo en partes aún sin techar. Eso es el cerebro superior de tu hijo: una obra en curso.

Es muy importante que los padres entiendan esto, porque significa que todas las competencias mencionadas en la anterior lista –las conductas y aptitudes que deseamos y esperamos ver en nuestros hijos, como tomar decisiones sensatas, controlar sus emociones y su cuerpo, sentir empatía, entenderse a sí mismos y tener sentido de la ética– dependen de una parte de su cerebro que todavía no está del todo desarrollada. Como el cerebro superior sigue en construcción, no es capaz de funcionar al cien por ciento en todo momento, lo que significa que no puede integrarse con el cerebro inferior y rendir al máximo de manera sistemática. Por consiguiente, los niños tienden a quedar «atrapados en la parte inferior», sin poder recurrir al cerebro superior, lo que los lleva a perder los estribos, a tomar decisiones equivocadas, a carecer en general de empatía y a no entenderse a sí mismos.

Así pues, esa es la primera razón por la que a los niños no se les da muy bien usar las partes superior e inferior del cerebro juntas: el cerebro superior está aún desarrollándose. La otra razón

principal tiene que ver con una parte concreta del cerebro inferior: la amígdala.

La amígdala tiene aproximadamente el tamaño y la forma de
una almendra y forma parte del sistema límbico, situado en el cerebro inferior. La función de la amígdala es procesar y expresar rápidamente las emociones, sobre todo la ira y el miedo. Esta pequeña
masa de materia gris es el perro guardián del cerebro, que permanece siempre alerta a posibles amenazas. En los momentos en que
intuye peligro, puede asumir el control por completo, o adueñarse, de la parte superior del cerebro. Eso es lo que nos permite *actuar*
antes de *pensar*. Es la parte del cerebro que da la orden de alargar
el brazo para proteger al pasajero cuando vamos al volante y tenemos que frenar en seco. Es la parte del cerebro que nos lleva a gritar «¡Para!», como le sucedió a Dan cuando iba de excursión con
su hijo, incluso antes de saber de manera consciente que había una
serpiente de cascabel a escasa distancia más adelante en el sendero.

Naturalmente, hay momentos en que sin duda conviene actuar
antes de pensar. En una situación así, lo último que necesitaba Dan
era que su cerebro realizara una serie de maniobras de orden superior o una especie de análisis de costes-beneficios: *¡Oh, no! Hay
una serpiente delante de mi hijo. Este podría ser un buen momento para
avisarle. Lástima no haberle avisado hace unos segundos, en lugar de pasar por esta serie de cavilaciones que me han llevado a la decisión de avisarle.* En lugar de eso, fue necesario que su cerebro inferior –en
este caso, la amígdala– asumiera el control e hiciera exactamente
lo que hizo: impulsarlo a gritar incluso antes de ser siquiera consciente de lo que hacía.

Es obvio que actuar antes de pensar es conveniente cuando nos encontramos en una situación como la de Dan, o cuando estamos ante cualquier otra clase de peligro. Pero actuar o reaccionar antes de pensar no suele ser tan bueno en situaciones normales, cotidianas, como cuando nos bajamos del auto hechos una furia y despotricamos a gritos contra otro padre por haber quebrantado la norma de no detenerse en la glorieta de recogida de la escuela para esperar a los niños que salen con retraso. Como explicaremos más adelante en la sección «Los niños de cerebro pleno», a eso lo llamamos «perder los estribos», y es la manera en que la amígdala puede causarnos problemas: asume el control y releva al cerebro superior de sus obligaciones. Cuando no estamos en verdadero peligro, nos conviene pensar antes de actuar, y no a la inversa.

Queremos que nuestros hijos hagan lo mismo. Sin embargo, el problema, sobre todo en los niños, es que la amígdala se activa y bloquea la escalera que comunica el cerebro superior con el inferior. Es como si se hubiera echado el pestillo de una barrera de seguridad al final de la escalera, impidiendo el acceso al cerebro superior. Esto, lógicamente, agrava aún más el otro problema que acabamos de mencionar: el cerebro superior no solo está en construcción, sino que en los momentos de emociones intensas o de estrés incluso la parte que sí puede intervenir se vuelve inaccesible.

Cuando tu hijo de tres años tiene un berrinche porque no quedan paletas de naranja en el congelador, su cerebro inferior, incluidos el tronco cerebral y la amígdala, se ha activado y ha pasado el pestillo de la barrera de seguridad. Esta parte primitiva de su cerebro ha recibido una poderosa inyección de energía, impidiéndole literalmente actuar con calma y sensatez. Poderosos recursos cerebrales han invadido su cerebro inferior, dejando el superior con muy poca capacidad de acción. Así pues, por mucho que le digas que hay un montón de paletas de color violeta (que

además la última vez le habían gustado más que las de naranja),
seguramente en ese momento no se atendrá a razones. Es mucho
más probable que tire algo al suelo o que grite a cualquiera que
se le acerque.

Como ya sabrás si te has visto en una situación así, la mejor manera de ayudarlo a superar esta crisis (y para él es una verdadera crisis) es calmarlo y dirigir su atención hacia otra cosa. Puedes
cogerlo en brazos y mostrarle algo de interés en otra habitación,
o puedes hacer algo tonto o estrafalario para alterar la dinámica
de la situación. Con ello, lo ayudas a descorrer el pestillo de la barrera de seguridad y así la escalera de la integración vuelve a ser
accesible, permitiéndole hacer uso del cerebro superior y empezar a tranquilizarse.

Lo mismo puede decirse cuando el problema no se debe a la
ira sino al miedo. Imagina una niña de siete años, activa y atlética,
que se niega a aprender a montar bicicleta. Su amígdala le genera un miedo tan paralizante que ni siquiera intenta llevar a cabo
una actividad para la que está más que capacitada. Además de colocar una barrera de seguridad al final de la escalera, su amígdala
ha llenado la escalera con el equivalente a pelotas, patines, libros
y zapatos: toda clase de obstáculos que proceden de experiencias
pasadas que la asustaron y que impiden el acceso a las partes su-
periores de su cerebro. En una situación así, habría también varias estrategias posibles para despejar el camino. Sus padres podrían intentar convencerla de la recompensa que puede suponer
asumir un nuevo reto; podrían reconocer y hablar de sus propios miedos; incluso podrían ofrecerle un incentivo para ayudarla a superar su miedo. Cualquier clase de planteamiento serviría
para ayudarla a despejar el paso al cerebro superior y apaciguar
su amígdala, que le transmite a gritos el mensaje de que puede
caerse y hacerse daño.

Piensa en lo que significa esta información en términos prácticos, cuando criamos a niños que no tienen un acceso permanente al cerebro superior. No es realista esperar que sean siempre racionales, que controlen sus emociones, que tomen decisiones acertadas, que piensen antes de actuar y que tengan empatía: todo aquello que podrían conseguir con un cerebro superior bien desarrollado. Pueden manifestar algunas de estas cualidades en diversos grados la mayor parte del tiempo, según la edad. Pero, en general, los niños simplemente no disponen del conjunto biológico de aptitudes para hacerlo *todo* el tiempo. A veces pueden usar el cerebro superior, a veces no. Si sabemos esto y ajustamos nuestras expectativas, nos daremos cuenta de que a menudo nuestros hijos sacan el máximo provecho posible al cerebro que tienen.

Así pues, ¿eso les da carta blanca («Lo siento mucho, mamá, por haber echado limpiacristales en la cara al cachorro. Me temo que mi cerebro superior no estaba plenamente activo»)? De ninguna manera. De hecho, como padres nos proporciona más incentivos para intentar ver si nuestros hijos desarrollan las facultades que dan lugar a una conducta *adecuada*. Y nos ofrece una estrategia bastante eficaz para tomar decisiones arriesgadas, sobre todo cuando estamos en medio de una situación tensa, como una rabieta.

RABIETAS: LAS DEL CEREBRO INFERIOR Y LAS DEL CEREBRO SUPERIOR

La temida rabieta puede ser una de las experiencias más desagradables de la paternidad. Ya sea en público o en privado, puede convertir al instante en el ser más desagradable y repulsivo del planeta a la persona que es dueña de nuestro corazón y que mueve montañas con una hermosa sonrisita.

A la mayoría de los padres se les ha enseñado que solo hay una manera de responder a una rabieta: no hacer caso. De lo contrario, le damos a entender a nuestro hijo que dispone de una poderosa arma para usar contra nosotros, y la usará una y otra vez.

Pero ¿qué revelan acerca de las rabietas estos nuevos conocimientos sobre el cerebro? Cuando conocemos la existencia del cerebro superior y el inferior, también podemos ver que en realidad existen dos clases distintas de rabieta. Una *rabieta del cerebro superior* se produce cuando un niño en esencia *decide* tener una pataleta. Toma una decisión consciente de pasar al acto, de poner a prueba nuestra paciencia y aterrorizarnos hasta conseguir lo que quiere. A pesar de sus ruegos teatrales y aparentemente sinceros, podría interrumpir la rabieta de inmediato si quisiera; por ejemplo, si cedemos a sus exigencias o le recordamos que está a punto de perder un privilegio muy preciado. Si puede interrumpirla es porque en ese momento está usando el cerebro superior. Tiene la *capacidad* de controlar sus emociones y su cuerpo, de emplear la lógica y tomar decisiones acertadas. Puede dar la impresión de que ha perdido el control por completo mientras vocifera en medio del centro comercial: «¡Quiero esas zapatillas de princesa ahora mismo!». Pero nos damos cuenta de que sabe perfectamente lo que hace, y que a todas luces sigue una estrategia y nos manipula para conseguir un fin deseado: que lo dejemos todo y le compremos las zapatillas en el acto.

Un padre o una madre que reconoce una rabieta del cerebro superior dispone de una única respuesta inequívoca: no se negocia con un terrorista. Una rabieta del cerebro superior exige límites estrictos y una conversación en términos muy claros sobre cuál es una conducta adecuada y cuál una conducta inadecuada. Una buena respuesta en esta situación sería explicar con toda tranquilidad: «Entiendo que las zapatillas te hagan ilusión, pero no me gusta cómo te comportas. Si no paras ya mismo, no tendrás las zapatillas, y esta tarde te quedarás sin ir a casa de tu amiga a jugar, porque estás demostrándome que no eres capaz de controlarte». Después es importante llegar a las últimas consecuencias si la conducta no se interrumpe. Al imponer esta clase de límite estricto, damos a nuestros hijos la oportunidad de aprender a ver las consecuencias de sus acciones inadecuadas y a controlar sus impulsos. Les enseñamos que la comunicación respetuosa, la paciencia y la gratificación postergada tienen compensaciones, y que una conducta contraria no. Son lecciones importantes para un cerebro en desarrollo.

Si nos negamos a ceder a las rabietas del cerebro superior –al margen de la edad del niño–, dejarán de producirse con regularidad. Como las rabietas del cerebro superior son intencionadas, los niños dejarán de recurrir a esa estrategia en concreto cuando descubran que no les sirve de nada, y que a menudo incluso produce resultados negativos.

Una *rabieta del cerebro inferior* es muy distinta. En este caso, el niño está tan alterado que no tiene la *capacidad* de usar el cerebro superior. Tu hijo de entre uno y tres años se ha enfadado tanto porque le has mojado la cabeza para lavarle el pelo que se pone a gritar, lanza al suelo juguetes desde la bañera y agita los puños con desesperación intentando pegarte. Aquí, las partes inferiores del cerebro –en concreto, la amígdala– han asumido el mando y se han adueñado del cerebro superior. En ese momento el niño está muy lejos de un estado de integración. De hecho, debido a las hormonas del estrés que invaden su pequeño cuerpo, casi ninguna parte del cerebro superior funciona plenamente. Por tanto, es literalmente incapaz –al menos en ese momento– de controlar su cuerpo y sus emociones, y de usar todas las aptitudes del pensamiento de orden superior, como plantearse las consecuencias, resolver problemas o tener en cuenta los sentimientos ajenos. Ha perdido los estribos. La barrera de seguridad está interceptando el paso a la parte superior, y él simplemente no puede usar el cerebro en su totalidad. (Cuando después cuentes a alguien que tu hijo «perdió totalmente la cabeza», en realidad, desde un punto de vista neurológico, estarás hablando con más precisión de lo que cabría pensar.)

Cuando un niño se encuentra en este estado de des-integración y ha estallado una auténtica rabieta del cerebro inferior, la respuesta de los padres debe ser muy distinta. En tanto que un niño con una rabieta del cerebro superior exige que el padre o la madre imponga rápidamente límites estrictos, la respuesta adecuada para una rabieta del cerebro inferior debe ser mucho más afectuosa y reconfortante. Como en la técnica «conectar y redirigir» explicada en el capítulo 2, lo primero que debe hacer un padre o una madre es conectar con su hijo y ayudarlo a tranquilizarse. A menudo eso se consigue con un contacto físico cariñoso y un tono de voz apaciguador. O si el niño ha ido demasiado lejos y corre peligro de hacerse daño a sí mismo o a otra persona o de romper objetos, tal vez tengamos que cogerlo y hablarle con calma mientras lo alejamos del lugar.

Se pueden probar distintos métodos según el temperamento del niño, pero lo más importante es que lo ayudemos a tranquilizarse y lo alejemos de la orilla del caos. No tiene sentido hablar de consecuencias ni de la conducta adecuada. Cuando el niño está en plena rabieta del cerebro inferior, es totalmente incapaz de procesar esa información, porque una conversación así requiere un cerebro superior activo, capaz de escuchar y asimilar información. Así pues, lo primero que debemos hacer cuando el cerebro inferior de nuestro hijo se ha adueñado del superior es ayudarlo a apaciguar su amígdala.

Después, en cuanto el cerebro superior vuelve a activarse, se puede abordar la cuestión empleando la lógica y la razón.

(«¿No te ha gustado cuando papá te ha lavado el pelo de esa manera? ¿Se te ocurre alguna idea de cómo deberíamos lavártelo la próxima vez?»). En cuanto el niño se encuentre en un estado más receptivo, también será posible hablarle de conductas adecuadas e inadecuadas y de toda hipotética consecuencia («Ya sé que te has enfadado mucho porque el agua te ha mojado la cara. Pero no está bien pegar cuando te enfadas. Puedes recurrir a las palabras y decirle a papá: "Eso no me gusta. Por favor, para".») La disciplina que le impongamos reafirmará nuestra autoridad –eso es fundamental–, pero ahora podremos hacerlo con un mayor conocimiento de causa y con actitud compasiva. Y es más probable que el niño interiorice la lección porque se la inculcamos en un momento en que su cerebro está más receptivo.

Como sabe cualquier padre veterano, no solo los niños de entre uno y tres años pierden los estribos. Puede parecer distinto cuando le pasa a un niño de diez, pero los niños de todas las edades (¡e incluso los adultos!) tienden a dejarse llevar por el cerebro inferior ante las emociones fuertes. Por eso, saber que existen los cerebros superior e inferior –y distinguir las rabietas que se originan en cada uno– puede servirnos para ser mucho más eficaces al imponer disciplina a nuestros hijos. Podemos ver con mayor claridad cuándo es el momento de trazar un límite y cuándo es el momento de ofrecer compasión y afecto para ayudar a activar el cerebro superior.

Las rabietas solo son un ejemplo de lo práctico que puede ser conocer la existencia del cerebro inferior y el superior. Ahora pasaremos a hablar de otros caminos para ayudar a desarrollar el cerebro superior de nuestros hijos con el objetivo de que sea más fuerte y esté más integrado con el inferior.

Lo que puedes hacer:

   Ayudar a desarrollar e integrar el cerebro superior de tu hijo
Estrategia del cerebro pleno nº 3:
   Activa, no enfurezcas: apela al cerebro superior

Cuando interactúas con tus hijos a lo largo del día, pregúntate a qué parte de su cerebro estás apelando. ¿Estás activando el superior? ¿O estás haciendo intervenir el inferior? La respuesta a esta pregunta puede incidir enormemente en el resultado de uno de esos momentos de precario equilibrio en el ejercicio de la paternidad. En una ocasión Tina se encontró en una de estas situaciones con su hijo. He aquí la anécdota:

> Mientras comíamos en uno de nuestros restaurantes mexicanos preferidos, de pronto me di cuenta de que mi hijo de cuatro años había abandonado la mesa y se hallaba detrás de una columna a unos tres metros. Por más que yo lo quiera, y por adorable que sea la mayor parte del tiempo, en ese momento, viendo su rostro iracundo y desafiante mientras nos sacaba la lengua repetidamente, yo no lo habría definido como un niño ni mucho menos «adorable». Unos cuantos comensales de las mesas cercanas lo vieron y nos miraron a mi marido, Scott, y a mí, para ver cómo abordábamos la situación. Scott y yo nos sentimos presionados y juzgados por la gente que observaba y esperaba que impusiéramos las normas de comportamiento válidas para un niño en un restaurante.
>
> Al acercarme y agacharme para ponerme a la altura de mi hijo y mirarlo a los ojos, vi claramente que tenía dos opciones. Primera opción: podía emplear el recurso tradicional de «ordenar y exigir» y empezar con la típica amenaza pronunciada con severidad: «Basta ya de muecas, jovencito. Ve a sentarte a la mesa o te quedarás sin postre».

En determinadas circunstancias la primera opción podría ser una respuesta adecuada de los padres. Pero en el caso de mi hijo, un enfrentamiento verbal y no verbal como este habría desencadenado toda clase de emociones reactivas en su cerebro inferior –la parte que los científicos llaman el cerebro reptiliano–, y él habría respondido defendiéndose como un reptil atacado.

Segunda opción: podía recurrir a su cerebro superior en un intento de conseguir una respuesta reflexiva, en oposición a una respuesta de lucha/reacción.

En fin, yo cometo muchos errores en la educación de mis hijos (como ellos mismos se complacerían en decir). Pero precisamente el día anterior había dado una charla a un grupo de padres sobre los cerebros superior e inferior, y sobre cómo se podían aprovechar los retos cotidianos –los momentos de supervivencia– a modo de oportunidades para ayudar a nuestros hijos a progresar. Así que, afortunadamente para mi hijo, tenía todo eso muy reciente en la cabeza. Me decidí, pues, por la segunda opción.

Empecé con una observación: «Se te ve enfadado. ¿Me equivoco?». (Recordemos la táctica de «conectar y redirigir».) Mi hijo contrajo el rostro en una expresión de ferocidad, volvió a sacar la lengua y respondió en voz alta: «¡Sí!». De hecho, sentí alivio al ver que se detenía ahí; no habría sido impropio de él añadir su último insulto preferido y llamarme «Jones cara de pedo». (Juro que no sé dónde aprenden esas cosas.)

Le pregunté por qué se había enfadado y descubrí que estaba furioso porque Scott le había dicho que debía comer la mitad de su quesadilla antes del postre. Le expliqué que entendía el motivo de su disgusto y añadí: «Bueno, a papá se le da bien negociar. Decide tú cuál sería la cantidad justa que deberías comer y luego habla con él. Dime si necesitas ayuda para trazar tu plan». Le alboroté el pelo, volví a la mesa y observé cómo su rostro, de nuevo adorable, daba señales de que estaba absorto en una profunda reflexión. Sin duda su cerebro superior estaba activo. De hecho, libraba una batalla con el inferior. De momento habíamos evitado una explosión, pero aun así tenía la sensación de que una peligrosa mecha podía estar ardiendo dentro de él.

Al cabo de unos quince segundos, mi hijo volvió a la mesa y, muy enfadado, dijo a Scott: «Papá, no quiero comer la mitad de la quesadilla. Y quiero postre». La respuesta de Scott coincidió perfectamente con la mía: «Bien, ¿y cuánto crees que sería una cantidad justa?».

La respuesta llegó con firme y lenta resolución: «Te lo diré en una palabra: diez bocados».

Esta respuesta, con su error matemático, es aún más graciosa, porque diez bocados eran bastante más que media quesadilla. Así pues, Scott aceptó la contraoferta, y mi hijo engulló los diez bocados y luego el postre, y toda la familia (así como los demás clientes del restaurante) disfrutamos de la comida sin más incidentes. El cerebro inferior de mi hijo no llegó a asumir plenamente el mando, lo que, por suerte para nosotros, significó que el superior había ganado la batalla.

En este caso la primera opción tampoco habría estado mal, incluso habría sido adecuada. Pero entonces se habría perdido una oportunidad. Mi hijo no habría tenido ocasión de aprender que las relaciones tienen que ver con la conexión, la comunicación y la transigencia. No se habría sentido capacitado para hacer elecciones, incidir en su entorno y resolver problemas. En pocas palabras, no habría podido ejercitar y desarrollar su cerebro superior.

Y me apresuro a señalar que aunque elegí la segunda opción, Scott y yo también tuvimos que abordar la cuestión de la mala conducta en este incidente. En cuanto nuestro hijo recuperó el control y pudo estar realmente más receptivo a nuestras palabras, hablamos de la importancia de ser respetuoso y de portarse bien en un restaurante, incluso en un momento de disgusto.

Este es un ejemplo de cómo el simple hecho de conocer la existencia de los cerebros superior e inferior puede tener un impacto directo e inmediato en nuestra manera de educar a nuestros hijos e imponerles disciplina. Observemos que cuando se le planteó el reto, Tina se preguntó: «¿A qué parte del cerebro debo apelar ahora?». Habría conseguido lo que quería desafiando a su hijo y exigiendo que modificara su conducta en el acto. Tiene suficiente autoridad sobre él para obligarlo a obedecer (aunque él lo hiciera con resentimiento). Pero ese enfoque habría activado el cerebro inferior del niño, y la ira y la sensación de injusticia habrían bullido dentro de él. Así que Tina optó por recurrir al cerebro superior ayudándolo a reflexionar sobre la situación y a buscar una manera de negociar con su padre.

Aclaremos una cosa: a veces no hay cabida para la negociación en las interacciones entre un progenitor y su hijo. Los niños deben respetar la autoridad de sus padres, y a veces eso significa que un no es un no, sin concesiones. Asimismo, a veces las contraofertas son inaceptables. Si el hijo de cuatro años de Tina hubiese propuesto comer solo un bocado de su comida, su padre no habría estado dispuesto a cerrar el trato.

Pero mientras educamos a nuestros hijos y les imponemos una disciplina, recibimos un sinfín de oportunidades para interactuar de maneras que activan y desarrollan el cerebro superior.

Fijémonos que en el caso de la ilustración en la página 81, la madre opta por *no* dar un ultimátum, lo que habría enfurecido al cerebro inferior de su hija, y activa el superior dirigiendo antes a su hija hacia el uso de palabras más precisas y específicas acerca de cómo se siente. («¿Estás muy enfadada porque no te he comprado ese collar?») Después le pide que colabore con ella para buscar soluciones al problema. En cuanto la niña pregunta: «¿Y eso cómo lo hacemos?», la madre sabe que el cerebro superior se ha

Estrategia nº 3
EN LUGAR DE ENFURECER AL CEREBRO SUPERIOR...

... ACTIVA EL CEREBRO SUPERIOR

activado. Su hija ya es capaz de hablar del tema con su madre de una manera que le habría sido imposible pocos segundos antes. Ahora pueden buscar entre las dos formas de conseguir otro collar en una tienda o hacer uno en casa. La madre también puede hablar con su hija de cómo debe emplear las palabras cuando está enfadada.

Estrategia del cerebro pleno nº 4:
  Úsalo o piérdelo: ejercita el cerebro superior

Además de apelar al cerebro superior de nuestros hijos, también debemos ayudarlos a ejercitarlo. El cerebro superior es como un músculo: cuando se usa, se desarrolla, se fortalece y actúa mejor. Y cuando no se le hace caso, no se desarrolla de manera óptima, perdiendo parte de su fuerza y capacidad de funcionamiento. A eso nos referimos al decir «úsalo o piérdelo». Nos interesa fomentar intencionadamente el desarrollo del cerebro superior de nuestros hijos. Como hemos venido diciendo, un cerebro superior fuerte compensa al inferior, y es esencial para la inteligencia social y emocional. Constituye los cimientos de nuestra salud mental. Debemos dar a nuestros hijos una oportunidad tras otra de ejercitar su cerebro superior para que este se fortalezca y sea más potente.

Mientras tú y tus hijos viven el día a día, busca maneras de centrarte en las distintas funciones del cerebro superior para ejercitarlas. Veamos unas cuantas, una por una.

Tomar decisiones sensatas
Una gran tentación de los padres es tomar decisiones por nuestros hijos, para que hagan sistemáticamente lo correcto. Pero siempre que podamos, debemos darles ocasión de practicar la toma de

decisiones por su cuenta. La toma de decisiones requiere lo que se llama «funcionamiento ejecutivo», que se produce cuando el cerebro superior sopesa distintas opciones. Analizar distintas alternativas rivales, así como el resultado de esas elecciones, permite que el cerebro superior de un niño se ejercite, fortaleciéndolo y ayudándolo a mejorar su rendimiento.

En niños muy pequeños, esto puede ser tan sencillo como preguntar: «¿Hoy quieres ponerte los zapatos azules o los blancos?». Después, cuando se hacen mayores, podemos darles más responsabilidad a la hora de tomar decisiones y permitirles enfrentarse a dilemas que pueden suponer un auténtico reto para ellos. Por ejemplo, si tu hija de diez años tiene un problema de incompatibilidad de actividades –su campamento con las exploradoras y su partido de la final de fútbol coinciden el mismo sábado y queda claro que no puede estar en los dos sitios a la vez–, anímala a elegir. Es mucho más probable que se sienta cómoda, si no del todo satisfecha, por tener que renunciar a un compromiso si ha participado en la decisión.

Una paga es otra manera magnífica de permitir que los niños mayores se ejerciten a la hora de enfrentarse a dilemas difíciles. La experiencia de decidir entre comprar un juego de computadora ahora o seguir ahorrando para la nueva bicicleta es una manera excelente de ejercitar el cerebro superior. Lo que se pretende es permitir que los niños se debatan antes de tomar la decisión y asuman las consecuencias. Siempre que podamos hacerlo de una manera responsable, debemos evitar resolver sus problemas y resistir la tentación de acudir en su ayuda, incluso cuando cometan pequeños errores o sus elecciones no sean del todo acertadas. Al fin y al cabo, nuestro objetivo en este caso no es alcanzar la perfección en cada decisión ahora mismo, sino lograr en el futuro un desarrollo óptimo del cerebro.

Controlar las emociones y el cuerpo

Otra tarea importante –y difícil– para los pequeños es la de controlarse. Por lo tanto, debemos enseñarles las aptitudes que los ayudarán a tomar decisiones acertadas cuando estén disgustados. Usa las técnicas que probablemente ya conoces: enséñales a respirar hondo, o a contar hasta diez. Ayúdalos a expresar lo que sienten. Déjalos patalear o dar puñetazos a una almohada. También puedes explicarles qué pasa en su cerebro cuando notan que pierden el control, y cómo pueden evitar «perder los estribos». (Te ayudaremos con eso en la sección «Los niños de cerebro pleno» al final del capítulo.)

Incluso los niños pequeños poseen la capacidad de pararse a pensar en lugar de hacer daño a alguien con las palabras o los puños. No siempre tomarán decisiones acertadas, pero cuanto más practiquen alternativas que no sean arremeter contra los demás, más fuerte y más capaz será su cerebro superior.

Entenderse a sí mismo

Una de las mejores maneras de ayudar a tu hijo a entenderse a sí mismo es plantearle preguntas que lo ayuden a mirar más allá de la superficie de lo que comprende: *¿Por qué crees que elegiste eso? ¿Qué te llevó a sentirte así? ¿Por qué crees que no te fue bien en el examen? ¿Fue porque lo hiciste deprisa o es que simplemente el contenido era difícil?*

Eso es lo que hizo un padre con su hija de diez años, Catherine, mientras la ayudaba a preparar las cosas para ir de acampada. Le preguntó si creía que iba a sentir añoranza mientras estuviese fuera. Cuando recibió como respuesta el esperado y neutro «Tal vez», el padre prosiguió con otra pregunta: «¿Y cómo piensas que lo llevarás?».

De nuevo recibió una no-respuesta –«No lo sé»–, pero esta vez él vio que su hija empezaba a reflexionar sobre el tema, aunque solo fuera un poco.

Así que insistió: «En el caso de que sintieras añoranza, ¿qué podrías hacer para animarte?».

Catherine siguió metiendo ropa en su petate, pero ahora sí era obvio que estaba pensando en el tema. Finalmente ofreció una auténtica respuesta: «Supongo que podría escribirte una carta o podría hacer algo divertido con mis amigas».

A partir de ese momento su padre y ella pudieron hablar durante un par de minutos de las expectativas y preocupaciones que suponían para ella marcharse unos días fuera, y ella desarrolló un poco más la capacidad de entenderse a sí misma. Y eso solo porque su padre le planteó unas pocas preguntas.

Cuando un niño tiene edad suficiente para escribir –o incluso simplemente para dibujar–, se le puede dar un cuaderno y animarlo a escribir un diario o dibujar cada día. Este ritual puede aumentar su capacidad de prestar atención a su paisaje interno y entenderlo. O en el caso de un niño más pequeño, se le puede pedir que haga dibujos que cuenten una historia. Cuanto más piensen nuestros hijos en lo que está pasando en su interior, más desarrollarán la capacidad de entender y responder a lo que sucede en su mundo interior y en el mundo que lo rodea.

Empatía

La empatía es otra función importante del cerebro superior. Cuando planteamos preguntas sencillas que inducen a pensar en los sentimientos ajenos, estamos desarrollando la capacidad de nuestros hijos de sentir empatía. Por ejemplo, en un restaurante: «¿Por qué crees que llora ese bebé?». O mientras leemos con ellos: «¿Cómo crees que se siente Melinda ahora que su amiga se ha ido a vivir a otro sitio?». O al salir de una tienda: «Esa mujer no fue muy amable con nosotros, ¿no te parece? ¿Crees que hoy le haya sucedido algo que la ha puesto triste?».

Estrategia nº 4
EN LUGAR DE SOLO DAR LA RESPUESTA...

... EJERCITA EL CEREBRO SUPERIOR

Basta con dirigir la atención de nuestros hijos hacia las emociones de los demás en los encuentros cotidianos para desarrollar nuevos niveles de compasión en su interior y ejercitar su cerebro superior. Los científicos están cada vez más convencidos de que la empatía se origina en un sistema complejo de lo que llaman neuronas espejo, de las que hablaremos en el próximo capítulo. Cuantas más ocasiones demos al cerebro superior de nuestros hijos para ejercitarse en el acto de pensar en los demás, más capaces serán de sentir compasión.

Ética

Todos los atributos que hemos mencionado de un cerebro superior bien integrado culminan en uno de los objetivos más importantes para nuestros hijos: un profundo sentido de la ética. Cuando los niños pueden tomar decisiones sensatas y son capaces al mismo tiempo de controlarse y actuar basándose en la empatía y la comprensión de sí mismos, desarrollan un sentido sólido y activo de la ética, un sentido no solo del bien y el mal, sino también de lo que es un bien mayor más allá de sus propias necesidades individuales. Tampoco en este caso podemos esperar una consistencia absoluta, porque su cerebro no está aún del todo desarrollado. Pero sí nos interesa formular el mayor número de preguntas relacionadas con la ética y la moral en situaciones normales, cotidianas.

Otra manera de ejercitar esta parte del cerebro es ofreciendo situaciones hipotéticas, que suelen divertir mucho a los niños: *¿Estaría bien saltarse un semáforo si hay una emergencia? Si un matón se metiera con alguien en la escuela y no hubiera ningún adulto cerca, ¿tú qué harías?* Lo que se pretende con ello es desafiar al niño para que reflexione sobre cómo actúa y para que se plantee las consecuencias de sus decisiones. Con ello, le damos ocasión de ejercitar el pensamiento desde una perspectiva de principios morales y éticos, lo que, con nuestra orientación, se convertirá en los cimientos de sus decisiones durante el resto de su vida.

Y ten en cuenta, naturalmente, el modelo que ofreces con tu propia conducta. Al enseñarle honestidad, generosidad, bondad y respeto, asegúrate de que te ve llevar una vida que también encarna esos valores. Los ejemplos que des, tanto para lo bueno como para lo malo, tendrán un impacto significativo en la manera en que se desarrolle el cerebro superior de tu hijo.

Estrategia del cerebro pleno nº 5:
Muévelo o piérdelo: mueve el cuerpo para no perder la cabeza

Las investigaciones han demostrado que el movimiento corporal afecta directamente a las sustancias químicas del cerebro. Por consiguiente, cuando un niño ha perdido el contacto con su cerebro superior, una buena manera de ayudarlo a recuperar el equilibrio es hacerle mover el cuerpo. Esta es una anécdota que nos contó una madre sobre cómo recuperó el control su hijo de diez años mediante la actividad física.

> Dos días después de iniciar Liam el quinto grado en la escuela, llegó a casa totalmente desbordado por la cantidad de deberes que le había puesto la maestra. (Dicho sea de paso, también a mí me parecieron excesivos.) Pero, pese a sus quejas, al final se fue a su habitación para hacerlos.
>
> Cuando fui a su habitación para ver cómo le iba, lo encontré literalmente hecho un ovillo, en posición fetal, debajo de su puf relleno de bolas de poliestireno. Lo animé a salir, a sentarse ante su escritorio y a seguir estudiando. Él no paraba de gemir y de repetir

que no podía: «¡Es que es demasiado!». Yo me ofrecí a ayudarlo reiteradamente, pero él se negó una y otra vez.

De pronto, salió de debajo del puf, se levantó de un salto, bajó por la escalera como una flecha, cruzó la puerta de la calle y siguió corriendo. No volvió a casa hasta después de haber recorrido varias manzanas del barrio.

Cuando regresó a casa sano y salvo, ya más tranquilo y después de una buena merienda, pude hablar con él y preguntarle por qué había salido disparado de esa manera. Me contestó que en realidad no lo sabía y a continuación dijo: «Lo único que se me ocurre es que tuve la impresión de que me sentiría mejor si corría lo más deprisa posible durante el máximo tiempo posible. Y así ha sido». Y debo reconocer que, en efecto, se veía más tranquilo, y se mostró más dispuesto a dejarme ayudarlo con sus deberes.

Aunque Liam no lo sabía, cuando salió de su casa y se echó a correr, estaba ejerciendo la integración. Su cerebro inferior se había adueñado de su cerebro superior, y por eso se sintió desbordado e impotente. Se había dejado arrastrar hacia la orilla del caos en el río. Los intentos de su madre para ayudarlo a recurrir a su cerebro superior fueron inútiles, pero cuando Liam hizo intervenir a su cuerpo, algo cambió en su cerebro. Tras unos minutos de ejercicio físico, pudo apaciguar a su amígdala y devolver el mando a su cerebro superior.

Los estudios dan la razón a Liam y respaldan su estrategia espontánea. Las investigaciones demuestran que cuando alteramos nuestro estado físico –a través del movimiento o la relajación, por ejemplo–, podemos cambiar nuestro estado emocional. Intenta sonreír por un momento: es posible que te sientas más animado; una respiración rápida y poco profunda acompaña a la angustia, pero si respiras despacio y profundamente, es muy probable que te

Estrategia nº 5
EN LUGAR DE ORDENAR Y EXIGIR...

... INTENTA MOVERLO O PERDERLO

sientas más tranquilo. (Puedes probar estos pequeños ejercicios con tu hijo para enseñarle cómo influye su cuerpo en sus sensaciones.)

El cuerpo contiene mucha información que envía al cerebro. De hecho, gran parte de las emociones que sentimos en realidad empiezan en el cuerpo. Cuando se nos contrae el estómago y tensamos los hombros, el cerebro recibe mensajes físicos de angustia antes de que nosotros mismos seamos siquiera consciente de que estamos nerviosos. El flujo de energía e información que circula desde el cuerpo hasta el tronco cerebral, de ahí hasta el sistema límbico, y luego hasta la corteza, altera nuestro estado físico, nuestro estado emocional y nuestros pensamientos.

Lo que le pasó a Liam fue que al mover el cuerpo pudo dirigir todo su ser hacia un estado de integración, permitiendo que su cerebro superior, su cerebro inferior y su cuerpo reanudaran sus funciones de una manera eficaz y sana. Cuando Liam se sintió desbordado, el flujo de energía e información se bloqueó, dando lugar a la des-integración. Moviéndose vigorosamente, Liam liberó parte de la energía y la tensión producidas por la ira, y así pudo relajarse. Por consiguiente, después de la carrera, su cuerpo envió información «más tranquila» a su cerebro superior, lo que significa que recuperó el equilibro emocional, y las distintas partes de su cerebro y su cuerpo empezaron a actuar otra vez de una manera integrada.

La próxima vez que tus hijos necesiten ayuda para calmarse o recuperar el control, procura que se pongan en movimiento. En el caso de los niños muy pequeños, prueba con lo que podría llamarse trucos creativos y cariñosos, como se muestra en la página 90.

El lado divertido de este juego, acompañado de actividad física, puede cambiar por completo la actitud de tu hijo de entre uno y tres años y convertir la mañana en un momento mucho más placentero para los dos.

Esta técnica también surte efecto con niños mayores. Un entrenador de la Liga Infantil de béisbol y conocido nuestro oyó hablar del principio «muévelo o piérdelo» y pidió a sus jugadores que dieran saltos en la caseta cuando se desanimaron al ver que el equipo contrario les sacaba varias carreras de ventaja durante un partido del campeonato. El movimiento infundió motivación y renovada energía en sus cuerpos y sus cerebros, y al final volvieron al campo y ganaron el partido. (¡Otra victoria más para la neurociencia!)

A veces también se puede sencillamente explicar el concepto: *Ya sé que estás enfadado porque no has podido ir a la fiesta con tu hermana. No parece justo, ¿verdad? Vamos a dar una vuelta en bici y hablar de ello. A veces mover el cuerpo puede ayudar a tu cerebro a sentir que todo se arreglará.* Hagamos lo que hagamos, la cuestión es ayudar al niño a recuperar algún tipo de equilibrio y control moviendo el cuerpo, lo que puede eliminar bloqueos y allanar el camino para recuperar la integración.

Los niños de cerebro pleno:
Enseña a tus hijos la existencia de los cerebros superior e inferior

Los niños pueden entender bastante bien la información presentada en este capítulo sobre los cerebros superior e inferior. He aquí algo que puedes leer a tu hijo para iniciar la conversación.

LOS NIÑOS DE CEREBRO PLENO

Enseña a tus hijos la existencia de los cerebros superior e inferior

TU CEREBRO INFERIOR Y TU CEREBRO SUPERIOR

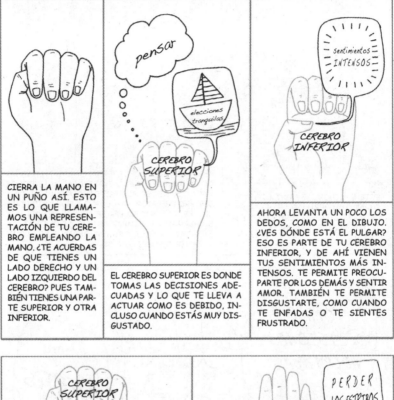

CIERRA LA MANO EN UN PUÑO ASÍ. ESTO ES LO QUE LLAMAMOS UNA REPRESENTACIÓN DE TU CEREBRO EMPLEANDO LA MANO. ¿TE ACUERDAS DE QUE TIENES UN LADO DERECHO Y UN LADO IZQUIERDO DEL CEREBRO? PUES TAMBIÉN TIENES UNA PARTE SUPERIOR Y OTRA INFERIOR.

EL CEREBRO SUPERIOR ES DONDE TOMAS LAS DECISIONES ADECUADAS Y LO QUE TE LLEVA A ACTUAR COMO ES DEBIDO, INCLUSO CUANDO ESTÁS MUY DISGUSTADO.

AHORA LEVANTA UN POCO LOS DEDOS, COMO EN EL DIBUJO. ¿VES DÓNDE ESTÁ EL PULGAR? ESO ES PARTE DE TU CEREBRO INFERIOR, Y DE AHÍ VIENEN TUS SENTIMIENTOS MÁS INTENSOS. TE PERMITE PREOCUPARTE POR LOS DEMÁS Y SENTIR AMOR. TAMBIÉN TE PERMITE DISGUSTARTE, COMO CUANDO TE ENFADAS O TE SIENTES FRUSTRADO.

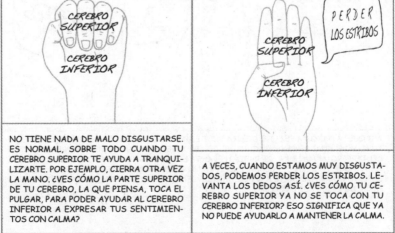

NO TIENE NADA DE MALO DISGUSTARSE. ES NORMAL, SOBRE TODO CUANDO TU CEREBRO SUPERIOR TE AYUDA A TRANQUILIZARTE. POR EJEMPLO, CIERRA OTRA VEZ LA MANO. ¿VES CÓMO LA PARTE SUPERIOR DE TU CEREBRO, LA QUE PIENSA, TOCA EL PULGAR, PARA PODER AYUDAR AL CEREBRO INFERIOR A EXPRESAR TUS SENTIMIENTOS CON CALMA?

A VECES, CUANDO ESTAMOS MUY DISGUSTADOS, PODEMOS PERDER LOS ESTRIBOS. LEVANTA LOS DEDOS ASÍ. ¿VES CÓMO TU CEREBRO SUPERIOR YA NO SE TOCA CON TU CEREBRO INFERIOR? ESO SIGNIFICA QUE YA NO PUEDE AYUDARLO A MANTENER LA CALMA.

POR EJEMPLO:

ESTO ES LO QUE LE PASÓ A JEFFREY CUANDO SU HERMANA LE DESTRUYÓ LA TORRE DE LEGO. PERDIÓ LOS ESTRIBOS Y QUISO GRITARLE.

PERO LOS PADRES DE JEFFREY LE HABÍAN ENSEÑADO LO QUE PASABA CUANDO PERDÍA LOS ESTRIBOS Y CÓMO SU CEREBRO SUPERIOR PODÍA SOMETER A SU CEREBRO INFERIOR Y AYUDARLO A TRANQUILIZARSE. SEGUÍA FURIOSO, PERO EN LUGAR DE GRITAR A SU HERMANA, FUE CAPAZ DE DECIRLE QUE ESTABA ENFADADO Y PEDIR A SUS PADRES QUE SE LA LLEVARAN DE SU HABITACIÓN.

TOMAR DECISIONES ACERTADAS

EMOCIONES FUERTES

ASÍ QUE LA PRÓXIMA VEZ QUE SIENTAS QUE EMPIEZAS A PERDER LOS ESTRIBOS, CONVIERTE TU MANO EN UNA REPRESENTACIÓN DEL CEREBRO. (RECUERDA QUE ES UNA REPRESENTACIÓN DEL CEREBRO, NO UN PUÑO DE RABIA.) LEVANTA LOS DEDOS Y LUEGO BÁJALOS LENTAMENTE HASTA QUE TOQUEN EL PULGAR. ESO SERÁ UN RECORDATORIO DE QUE USES EL CEREBRO SUPERIOR PARA AYUDARTE A APACIGUAR LOS SENTIMIENTOS INTENSOS QUE ESTÁN EN LA PARTE INFERIOR DE TU CEREBRO.

Integrarnos: usar nuestra propia escalera mental

«Mi hijo llevaba cuarenta y cinco minutos gritando y yo no sabía cómo tranquilizarlo. Al final le grité yo a él: «¡A veces te odio!».

«Mi hijo de dos años arañó a su hermano recién nacido, dejándole un buen rasguño. Le di una zurra en el trasero, sus buenos cinco golpes. Luego salí de la habitación, recorrí el pasillo, di media vuelta y le di otros cinco golpes en el trasero. Fue tal el grito que le lancé que se llevó un susto de muerte.»

«Después de decir a mi hija, mientras se columpiaba, que tuviera cuidado con su hermanito por si pasaba corriendo delante del columpio, prácticamente lo embistió. Me enfadé tanto que, enfrente de todo el mundo en el parque, le dije: «Pero ¿qué te pasa? ¿Es que eres tonta?».

Estas son experiencias bastante espantosas que a veces se producen cuando ejercemos de padres, ¿no es así? Representan los momentos en que nos domina el cerebro inferior, cuando perdemos el control hasta tal punto de decir o hacer cosas que jamás permitiríamos que nadie dijera o hiciera a nuestros hijos.

Estas confesiones son de padres reales a los que conocemos personalmente. Y aunque tal vez te sorprenda, todos ellos son padres excelentes. Pero, como todo el mundo, de vez en cuando sencillamente pierden la cabeza y dicen y hacen cosas que después lamentan.

¿Podrías añadir a esta lista momentos tuyos en los que te has visto dominado por el cerebro inferior? Claro que sí. Eres un progenitor y eres humano. Lo vemos una y otra vez cuando hablamos y asesoramos a padres: en situaciones de mucho estrés, los padres cometen errores. Todos los cometemos.

Pero no lo olvides: las crisis que se producen cuando ejercemos de padres son oportunidades para el crecimiento y la integración. Puedes aprovechar los momentos en que sientes que pierdes el control para ofrecer un modelo de autorregulación. Hay unos ojitos que están observándote para ver cómo te tranquilizas tú. Tus acciones establecerán el ejemplo de cómo se toma una buena decisión en un momento de emociones intensas en el que tú mismo corres el peligro de perder los estribos.

¿Qué haces, pues, cuando tomas conciencia de que tu cerebro inferior ha asumido el control y has empezado a perder la cabeza? En primer lugar, no hagas daño. Cierra la boca para no decir algo que después lamentarás. Pon las manos detrás de la espalda para evitar toda clase de contacto ísico brusco. Cuando estás en un momento en que domina el cerebro inferior, protege a tu hijo a toda costa.

En segundo lugar, aléjate de la situación y serénate. No tiene nada de malo tomarse un respiro, y menos cuando eso significa proteger a tu hijo. Puedes decirle que necesitas un descanso para tranquilizarte y así no se sentirá rechazado. A continuación, aunque a veces puede parecer un poco tonto, prueba la técnica de «muévelo o piérdelo». Ponte a saltar abriendo las piernas y dando palmas arriba. Prueba ejercicios de yoga. Respira despacio y profundamente. Haz lo que sea necesario para recuperar parte del control que perdiste cuando tu amígdala se adueñó de tu cerebro superior. No solo pasarás tú mismo a un estado más integrado, sino que también ofrecerás un modelo a tus hijos mediante trucos autorreguladores rápidos que también ellos podrán utilizar.

Por último, repara. De inmediato. Vuelve a conectar con tu hijo en cuanto te hayas calmado y sientas que ya eres capaz de controlarte. Acto seguido aborda cualquier posible daño emocional o perjuicio causado a la relación. Para eso tal vez tengas que decir que lo perdonas, pero también es posible que debas disculparte tú y aceptar la responsabilidad de tus acciones. Este paso debe darse lo antes posible. Cuanto antes repares la conexión entre tu hijo y tú, más rápido podrán recuperar los dos el equilibrio emocional y volver a disfrutar de su relación.

–¡Me niego a ir a clases de natación este verano!

El hijo de Tina de siete años pronunció estas palabras con firmeza cuando se enteró de que sus padres lo habían apuntado a un curso en la piscina del instituto del barrio. Sentado a la mesa del comedor, miraba furioso a sus padres con la mandíbula tensa y los ojos entrecerrados.

Tina se volvió hacia su marido, Scott, y este se encogió de hombros, como diciendo: «De acuerdo, empiezo yo».

–No lo entiendo. Pero si te encanta nadar.

–Exacto, papá, precisamente por eso. –Hasta parecía hablar con sarcasmo–. Yo ya sé nadar.

Scott asintió.

–Eso ya lo sabemos. Las clases son para que aprendas a nadar mejor.

–Además, también se ha apuntado Henry –añadió Tina–. Lo verás todos los días de la semana que viene.

El niño cabeceó.

–Imposible. Me da igual. –Bajó la vista y se percibió un atisbo de miedo en su tono resuelto–. Por favor, no me pongáis en esta situación.

Scott y Tina se miraron y dijeron que lo pensarían y que ya seguirían con la conversación en otro momento. Pero estaban atónitos. Era inaudito que su hijo rechazara una actividad con Henry, su mejor amigo, y en especial una actividad relacionada con el deporte.

Situaciones como esta se presentan continuamente; momentos en los que los padres se quedan desconcertados por la respuesta de su hijo a algo que le han dicho. Cuando el miedo, la ira, la frustración y otras emociones fuertes desbordan a un niño y este se comporta de manera incomprensible, es posible que exista una razón fácil de determinar. Puede que sencillamente tenga hambre o esté cansado. O quizá que haya pasado demasiado tiempo en el auto. O quizá sea solo porque tiene dos años (o tres, o cuatro, o cinco... o quince). Pero otras veces, un niño pasa al acto o se comporta de un modo que no es propio de él por razones más arraigadas.

Por ejemplo, cuando Tina y Scott hablaron más tarde esa noche, coincidieron en que la sorprendente respuesta del cerebro derecho de su hijo podía haberse debido a una experiencia ligeramente traumática sufrida tres años antes, una experiencia en la que probablemente él ni siquiera había pensado en aquel momento. Tina vio que era una buena ocasión para dar a conocer a su hijo un par de aspectos importantes acerca del cerebro, así que eso fue lo que hizo esa noche a la hora de acostarlo. Antes de contar esta conversación, debemos explicar qué se proponía Tina al hablar con su hijo. Sabía que una de las mejores maneras de ayudarlo a enfrentarse a experiencias difíciles se basa en entender los principios científicos fundamentales sobre cómo actúa la memoria en el cerebro.

LA MEMORIA Y EL CEREBRO: UN PAR DE MITOS AL RESPECTO

Empecemos por dos mitos sobre la memoria.

> *Mito nº1: La memoria es un archivador mental. Cuando uno piensa en su primera cita o en el nacimiento de su hijo, sencillamente abre el correspondiente cajón de dicho archivador del cerebro y evoca ese recuerdo.*

Sería agradable y conveniente que esto fuese verdad, pero el cerebro no funciona así. No tenemos miles de pequeñas «carpetas de memoria» en la cabeza esperando a que accedamos a ellas y las llevemos al plano consciente para que pensemos en ellas. La memoria se basa en las asociaciones. Como máquina de asociación, el cerebro procesa algo en el presente –una idea, un sentimiento, un olor, una imagen– y relaciona dicha experiencia con otras experiencias parecidas del pasado. Estas experiencias pasadas influyen enormemente en nuestra manera de entender lo que vemos o sentimos. Tal influencia se debe a asociaciones establecidas en el cerebro, donde una serie de neuronas (o células del cerebro) se une a otras. Por lo tanto, en esencia, la memoria es la manera en que un acontecimiento del pasado nos influye en el presente.

Imagina, por ejemplo, que encuentras un chupete viejo entre los cojines del sofá. ¿Qué clase de emociones y recuerdos experimentarías? Si aún tienes un bebé en casa, tal vez no sientas nada espectacular. Pero si ya han pasado unos años desde que tu pequeño usaba chupete, tal vez te invadan asociaciones de índole sentimental. Puede que recuerdes lo enorme que se veía en la boca de tu recién nacido, o la rapidez con que te moviste cuando tu pequeño compartió por primera vez el chupete con el perro. O puede que revivas esa noche espantosa cuando todos os despedisteis de los chupetes para siempre. En el momento en que encuentras el chupete, toda clase de asociaciones irrumpe en tu conciencia, incidiendo en tus sentimientos y tu estado de ánimo presentes debido a fuertes asociaciones del pasado. Básicamente la memoria es eso: asociación.

Sin entrar en demasiadas complicaciones, he aquí lo que sucede en el cerebro. Cada vez que vivimos una experiencia, las neuronas «se encienden», o se activan con señales eléctricas. Estas células del cerebro, al encenderse, se enlazan o se unen a otras neuronas. Estas uniones crean asociaciones. Como explicamos en la introducción, eso significa que cada experiencia cambia literalmente la composición física del cerebro, ya que las neuronas se conectan (y se separan) constantemente basándose en nuestras experiencias. Los neurocientíficos explican así el proceso: «Las neuronas que se encienden al mismo tiempo se conectan entre sí al mismo tiempo». Dicho de otro modo, con cada nueva experiencia ciertas neuronas se encienden, y cuando eso pasa, se conectan, o se enlazan, con otras neuronas que se encienden simultáneamente.

¿Acaso esto no coincide con tu experiencia? Solo con oír hablar de la posibilidad de morder un limón empiezas a salivar. O una canción en el radio te transporta a un baile lento en la escuela en el que pasaste mucha vergüenza.

¿O te acuerdas de aquella única vez que diste un chicle a tu hija de cuatro años después de la clase de ballet? Y a partir de entonces, ¿qué quería y esperaba ella después de cada clase de ballet? Un chicle, claro. ¿Por qué? Porque sus neuronas relacionadas con el final de la clase de ballet se encendieron y conectaron con las neuronas relacionadas con el chicle. Las neuronas que se encienden al mismo tiempo se conectan entre sí al mismo tiempo.

Así funciona la memoria. Una experiencia (el final de la clase de ballet) hace que ciertas neuronas se enciendan, y esas neuronas pueden conectarse a las neuronas procedentes de otra experiencia (recibir un chicle). Después, cada vez que se repita en nuestra vida esa primera experiencia, nuestro cerebro la vinculará con la segunda. Por tanto, cuando acaba la clase de ballet, nuestro cerebro desencadena la expectativa de recibir un chicle. El desencadenante puede ser un acontecimiento interno –un pensamiento o un sentimiento–, o un acontecimiento externo que el cerebro relaciona con algo del pasado. Sea lo que sea, este recuerdo desencadenado creará después expectativas para el futuro. El cerebro se prepara continuamente para el futuro basándose en lo que ocurrió previamente. Los recuerdos moldean nuestras percepciones actuales llevándonos a prever lo que sucederá después. Nuestro

pasado moldea por completo nuestro presente y nuestro futuro. Y lo hace por mediación de asociaciones dentro del cerebro.

Mito n°2: La memoria es como una fotocopiadora. Cuando evocas recuer-
dos, ves reproducciones precisas y exactas de lo que ocurrió en el pasado.
Te recuerdas a ti mismo en tu primera cita con un peinado y una ropa
ridículos y te ríes de tu nerviosismo. O ves al médico sosteniendo a tu recién
nacido y revives las intensas emociones de ese momento.

Tampoco en este caso es eso lo que pasa exactamente. Bueno,
es posible que lo del peinado y la ropa ridículos haya ocurrido
de verdad, pero la memoria no es una reproducción exacta de
hechos del pasado. Cada vez que recuperamos un recuerdo, lo
alteramos. Es posible que lo que recordamos se acerque a lo que
ocurrió exactamente, pero el mismo acto de rememorar una experiencia la modifica, a veces de manera significativa. Dicho en
términos científicos, la recuperación del recuerdo activa un grupo neural parecido, pero no idéntico, al creado en el momento
de la codificación. Así pues, los recuerdos se distorsionan –a veces un poco, otras mucho–, aunque creamos que son precisos.

Tú mismo has tenido conversaciones con tu hermano o tu pareja en las que después de contar algo que ha sucedido, te dicen:
«¡No fue así!». Tu estado de ánimo cuando codificaste el recuerdo
y el estado de ánimo en que estás cuando lo rememoras influyen
en el propio recuerdo y lo alteran. Así pues, la historia que cuen-
tas no es tanto historia como ficción histórica.

LA VERDAD SOBRE LA MEMORIA: SEAMOS EXPLÍCITOS (E IMPLÍCITOS)
Piensa en tu recuerdo de cómo se cambia un pañal. Cuando
te acercas a un cambiador, no te explicas a ti mismo el proceso de

una manera activa: «Bien, primero coloca al bebé sobre el empapador. Ahora baja la cremallera del pijama y retira el pañal mojado. Pon el pañal limpio debajo del bebé...».

No, nada de eso es necesario, porque cuando cambias un pañal, simplemente vas y lo haces. Ya lo has cambiado tantas veces que ni siquiera necesitas pensar en ello. Tu cerebro enciende grupos de neuronas que te permiten despegar las tiras adhesivas, quitar el pañal, coger una toallita, etcétera, todo ello sin darte cuenta en ningún momento de que estás «acordándote» de cómo se hace. Esa es una clase de recuerdo: las experiencias del pasado (cambiar un pañal tras otro) influyen en tu comportamiento del presente (cambiar este pañal en concreto), sin siquiera darte cuenta de que tu memoria se ha desencadenado.

Si, por otro lado, piensas en la primera vez que cambiaste un pañal, puede que te detengas por un momento, explores tu memoria y aparezca ante ti una imagen de ti mismo levantando nerviosamente el tobillo de un bebé, encogiéndote al ver el contenido del pañal, sufriendo porque no sabes qué tienes que hacer a continuación. Cuando piensas de una manera activa en estas imágenes y emociones, tomas conciencia de que estás recordando algo del pasado. Eso también es memoria, pero es una memoria distinta de la que te permite cambiar un pañal ahora sin pensar en lo que haces.

Estas dos clases de memoria se entrelazan y actúan juntas en tu vida cotidiana. La memoria que te permite cambiar a tu bebé sin saber que estás recordando cómo se hace se llama *memoria implícita*. Tu capacidad para recordar el momento en que aprendiste a cambiar un pañal (o cualquier momento concreto) es la *memoria explícita*. Normalmente, al hablar de la memoria, nos referimos a lo que en rigor es la memoria explícita: un recuerdo consciente de una experiencia del pasado. Pero debemos conocer la existencia de los dos tipos de memoria, tanto por nuestro propio bien como por el de nuestros hijos. Si entendemos claramente estas dos clases de memoria, podemos proporcionar a nuestros hijos lo que necesitan mientras crecen, maduran y se enfrentan a experiencias difíciles.

Centrémonos en primer lugar en los recuerdos implícitos, que empiezan a formarse incluso antes de nacer. Dan cuenta una anécdota sobre un «estudio de investigación» informal que llevó a cabo en su propia familia.

> Durante los dos embarazos de mi mujer, yo cantaba a mis hijos que estaban aún en la barriga de su madre. Era una vieja canción rusa que a mí me cantaba mi abuela, una canción infantil sobre su amor a la vida y a su madre: «Que siempre esté el sol, que siempre estén los buenos tiempos, que siempre esté mamá, y que siempre esté yo». Yo la cantaba –en ruso y en inglés– durante el último trimestre del embarazo, cuando sabía que el sistema auditivo estaba lo bastante desarrollado para registrar el sonido que llegaba a través del líquido amniótico.
>
> Después, en la primera semana posterior al nacimiento de cada niño, invité a un colega a casa para llevar a cabo un «estudio de investigación». (Ya lo sé, no era un estudio controlado, pero era divertido.) Sin revelar cuál era la canción prenatal, canté tres canciones distintas, una tras otra. No cupo duda: cuando los bebés oyeron la canción familiar, abrieron más los ojos y se mostraron más atentos, de modo que mi colega percibió claramente el cambio en su nivel de atención. Se había codificado una memoria perceptiva. (Ahora mis hijos no me dejan cantar; debía de sonar mejor cuando ellos estaban dentro del agua.)

Los hijos recién nacidos de Dan reconocieron su voz y la canción rusa porque esa información se había codificado en su cerebro en forma de recuerdos implícitos. Codificamos la memoria implícita a lo largo de toda nuestra vida, y en los primeros dieciocho meses *solo* codificamos implícitamente. Un bebé codifica los olores, los sabores y los ruidos de su casa y sus padres, la sensación de hambre en el estómago, el placer al saborear la leche tibia, la manera en que el cuerpo de su madre se tensa en respuesta a la llegada de cierto pariente. La memoria implícita codifica nuestras percepciones, nuestras emociones, nuestras sensaciones corporales y, a medida que nos hacemos mayores, conductas como gatear, caminar e ir en bicicleta, y finalmente cambiar un pañal.

La idea esencial sobre la memoria implícita que debemos entender –sobre todo en lo que se refiere a nuestros hijos y sus miedos y frustraciones– es que los recuerdos implícitos nos llevan a crearnos expectativas sobre cómo funciona el mundo a partir de experiencias previas. Recordemos la conexión entre el ballet y el chicle. Como las neuronas que se encienden al mismo tiempo se conectan entre sí al mismo tiempo, creamos ciertos modelos mentales basados en lo que ocurrió en el pasado. Si abrazas a tu bebé todas las noches cuando vuelves a casa del trabajo, tu hijo tendrá un modelo en la cabeza de que tu llegada a casa vendrá acompañada de afecto y conexión. Eso es porque la memoria implícita crea algo llamado imprimación, que es como el cerebro se prepara para responder de una manera determinada. Cuando llegas a casa, tu hijo prevé un abrazo. Su mundo interior no solo está preparado para recibir ese gesto cariñoso, sino que incluso se anticipará moviendo los brazos cuando oiga el auto en el camino de acceso. Conforme se hace mayor, la imprimación seguirá produciéndose con conductas más complejas. Pocos años después, si un profesor de piano lo critica a menudo por su manera de tocar, puede desarrollar el modelo mental de que no le gusta el piano, o incluso de que no tiene oído. Una versión más extrema de este

proceso se produce en el caso de un trastorno por estrés postrau-
mático, o TEPT, donde el recuerdo implícito de una experiencia
perturbadora se codifica en el cerebro de una persona, y un sonido o una imagen desencadena ese recuerdo sin que la persona se
dé siquiera cuenta de que es un recuerdo. La memoria implícita
es básicamente un proceso evolutivo que nos mantiene a salvo y
fuera de peligro. Nos libera para poder reaccionar rápidamente,
o incluso para automatizar nuestras respuestas en momentos de
peligro sin necesidad de recordar de manera activa o intencionada experiencias parecidas previas.

Todo esto significa para nosotros en tanto padres que cuando
nuestros hijos parecen reaccionar de manera inusualmente poco
razonable, debemos plantearnos si es que un recuerdo implícito
ha creado un modelo mental que debemos ayudarlos a explorar.
Eso es lo que hizo Tina con su hijo cuando lo acostó y habló con
él sobre el curso de natación. Su conversación se desarrolló más
o menos de la siguiente manera:

TINA: ¿Puedes explicarme qué pasa con la natación?

HIJO: No lo sé, mamá. Simplemente no quiero hacerlo.

TINA: ¿Hay algo que te dé miedo?

HIJO: Supongo que sí. Es como si tuviera mariposas en el estómago.

TINA: Pues hablemos de esas mariposas. ¿Sabías que el cerebro recuerda cosas incluso cuando tú ni siquiera sabes
que las recuerdas?

HIJO: No lo entiendo.

TINA: Bien. Deja que te lo explique de otra manera. ¿Te
acuerdas de que tuviste una mala experiencia en unas
clases de natación?

HIJO: Ah, sí, claro.

TINA: ¿Te acuerdas de aquel lugar al que fuimos?

HIJO: Qué duros eran con nosotros.

TINA: Sí, los profesores eran realmente muy severos.

HIJO: Me obligaban a lanzarme desde el trampolín. Y me hundían la cabeza bajo el agua y me obligaban a aguantar la respiración durante mucho tiempo.

TINA: Era mucho tiempo, ¿verdad? ¿Y sabes una cosa? Creo que eso tiene mucho que ver con la razón por la que ahora no quieres hacer el curso de natación.

HIJO: ¿Ah, sí?

TINA: Sí. ¿Sabes que muchas veces cuando haces cosas, ya sean buenas o malas, tu cerebro y tu cuerpo se acuerdan? Por eso cuando digo «Estadio de los Dodgers»… mira, ¡estás sonriendo! ¿Notas lo que pasa dentro de ti ahora? ¿Lo que dicen tu cerebro y tu cuerpo? ¿Cómo te sientes?

HIJO: ¿Me emociono?

TINA: Sí. Lo veo en tu cara. ¿Y sientes mariposas en el estómago?

HIJO: Qué va.

TINA: ¿Y cuando menciono el curso de natación? ¿Te sientes distinto al oírlo?

HIJO: Sí.

TINA: ¿Y las mariposas han vuelto?

HIJO: Sí. No quiero ir.

TINA: Pues te diré qué creo que pasa. Tu cerebro es increíble. Y una de sus funciones importantes es mantenerte a salvo. Verás, tu cerebro siempre está comprobando si todo va bien y dice «Esto es bueno» o «Esto es malo». Así que cuando digo «Estadio de los Dodgers», tu cerebro dice: «¡Qué bueno! ¡Vayamos allí! Ese es un lugar divertido». Pero cuando digo: «Curso de natación», tu cerebro dice: «Una mala idea. ¡No vayas!».

Hɪᴊᴏ: Exacto.

Tɪɴᴀ: Y la razón por la que tu cerebro se emociona tanto cuando digo «Estadio de los Dodgers» es porque allí has tenido buenas experiencias. Probablemente no te acuerdas de cada detalle de todos los partidos, pero aun así en general tienes un buen recuerdo de ese lugar.

Ya ves cómo introdujo Tina el tema, limitándose a explicar el concepto de que ciertos recuerdos pueden afectarnos sin que nos demos cuenta de que los hechos en cuestión se produjeron en el pasado. Probablemente tú también hayas entendido por qué su hijo se puso tan nervioso ante la idea de ir a clases de natación. Y uno de los mayores problemas era que no tenía ni idea de la razón por la que se puso en ese estado. Solo sabía que no quería ir. Pero cuando Tina le explicó de dónde procedían sus sentimientos, empezó a desarrollar una conciencia que le permitió controlar lo que pasaba en su cerebro, y de ese modo pudo volver a situar sus experiencias y sus sentimientos.

Siguieron conversando un poco más y al cabo de un rato Tina le enseñó unas herramientas prácticas que podía usar cuando empezara a ponerse nervioso ante la idea de ir a clase de natación, algunas de las cuales abordaremos dentro de unas pocas páginas. Así acabó la conversación:

Tɪɴᴀ: Bien, pues, ahora ya sabes que la razón de tu miedo es que tuviste malas experiencias en el pasado.

Hɪᴊᴏ: Sí, supongo que sí.

Tɪɴᴀ: Pero ahora eres mayor y sabes más, y puedes ver la natación de manera muy distinta. Así que hagamos un par de cosas para ayudarte a sentirte mejor. Una es buscar los recuerdos de todos los momentos divertidos y agradables mientras nadabas. ¿Se te ocurre alguna experiencia buena mientras nadabas?

Hɪᴊᴏ: Claro, cuando fui a nadar con Henry la semana pasada.

Tɪɴᴀ: Exacto. Muy bien. Y también puedes hablarle a tu cerebro.

Hɪᴊᴏ: ¿Eh?

Tɪɴᴀ: Hablo en serio. De hecho, es una de las mejores cosas que puedes hacer. Puedes decir: «Cerebro, gracias por intentar mantenerme a salvo y protegerme, pero ya no es necesario que me dé miedo nadar. Hay un curso nuevo con un monitor nuevo, una piscina nueva, y yo soy un niño nuevo que ya sabe nadar. Así que, cerebro, voy a ahuyentar a las mariposas que tengo en el estómago soplando muy fuerte y despacio: así. Y voy a concentrarme en lo que hay de bueno en la natación». ¿Te parece extraño, eso de hablarle a tu cerebro?

Hɪᴊᴏ: Un poco.

Tɪɴᴀ: Ya lo sé, es gracioso y un poco extraño. Pero ¿entiendes por qué podría surtir efecto? ¿Qué podrías decir a tu cerebro para que tu cuerpo se tranquilice y para que tú te sientas más seguro y a gusto ante la idea de ir a clases de natación? ¿Qué podrías decir en tu cabeza?

Hɪᴊᴏ: Esas clases de natación tan espantosas ocurrieron en el pasado. Ahora esta es una clase de natación nueva, y a mí me gusta nadar.

Tɪɴᴀ: Exacto. Porque, ¿qué te parece la natación en general?

Hɪᴊᴏ: Me encanta.

Tɪɴᴀ: Bien. Y ahora hagamos otra cosa. ¿Qué podrías hacer o decir a tu cerebro si empiezas a ponerte nervioso otra vez cuando vayamos a la primera clase de natación?

¿Algo así como una especie de código para recordarte que es un sentimiento del pasado?

HIJO: No lo sé. ¿Matar las mariposas?

TINA: Porque las mariposas son de hace mucho tiempo y ya no las necesitas en el estómago, ¿verdad?

HIJO: Sí.

TINA: Me parece perfecto. Y me alegro de que ahora te rías de eso. Pero ¿podríamos buscar un código menos violento? ¿Qué te parece «Soltar las mariposas» o «Liberar las mariposas»?

HIJO: Me gusta «matar».

TINA: De acuerdo, pues que sea «matar las mariposas».

Cabe señalar que aquí lo más importante que hizo Tina fue contar la historia de la procedencia de los miedos de su hijo. Usó la narración para ayudarlo a convertir sus recuerdos implícitos en recuerdos explícitos y llenos de significado, y así no ejercerían un poder tan oculto sobre él. En cuanto los recuerdos implícitos de su mala experiencia en las clases de natación asomaron a la conciencia, le fue relativamente fácil enfrentarse a sus miedos actuales. Es en esta transformación –de lo implícito a lo explícito– donde el verdadero poder de la memoria integrada proporciona clarividencia, comprensión e incluso curación.

INTEGRAR LO IMPLÍCITO Y LO EXPLÍCITO: MONTAR EL ROMPECABEZAS DE LA MENTE

Los recuerdos implícitos suelen ser positivos y actuar a nuestro favor, como cuando esperamos ser queridos por las personas que nos rodean sencillamente porque siempre nos han querido. Si contamos con que nuestros padres van a consolarnos cuando lo pasamos mal por la sencilla razón de que siempre lo han hecho, es porque toda una serie de recuerdos implícitos positivos se ha acumulado dentro de nosotros. Pero los recuerdos implícitos también pueden ser negativos, como cuando hemos tenido repetidas veces la experiencia contraria de que nuestros padres se irritaran o mostraran falta de interés ante nuestros problemas.

El problema con un recuerdo implícito, sobre todo de una experiencia dolorosa o negativa, es que cuando no somos conscientes de su existencia se convierte en un campo minado que puede limitarnos de manera significativa y a veces debilitante. El cerebro recuerda muchos hechos, tanto si somos conscientes de ellos como si no, de modo que cuando tenemos una mala experiencia –cualquier cosa, desde un tobillo torcido hasta la muerte de un ser querido–, ese momento doloroso se graba en el cerebro y empieza a afectarnos. Aunque no seamos conscientes de su origen en el pasado, los recuerdos implícitos pueden crear igualmente miedo, evitación, tristeza y otras emociones y sensaciones corporales dolorosas. Eso contribuye a explicar por qué los niños (así como los adultos) a menudo reaccionan de manera extrema ante ciertas situaciones sin ser conscientes de la razón por la que se alteran tanto. Si un niño no es capaz de dar sentido a sus recuerdos dolorosos, puede experimentar alteraciones en el sueño, fobias debilitantes y otros problemas.

Así pues, ¿cómo podemos ayudar a nuestros hijos cuando sufren los efectos de experiencias negativas del pasado? Podemos proyectar sobre esos recuerdos implícitos la luz de la conciencia, volviéndolos explícitos para que nuestros hijos sean conscientes y se enfrenten a ellos de una manera intencionada. A veces los padres esperan que sus hijos «sencillamente olviden» las experiencias dolorosas que han vivido, pero en realidad lo que los niños necesitan es que los padres les enseñen maneras sanas de integrar los recuerdos implícitos y explícitos, convirtiendo incluso las experiencias dolorosas en fuentes de poder y en ocasiones para aprender a comprenderse a sí mismos.

Existe una parte de nuestro cerebro cuya función es precisamente esa: integrar nuestros recuerdos implícitos y explícitos para que podamos entender mejor el mundo y entendernos a nosotros mismos. Se llama «hipocampo», y puede considerarse el «motor de búsqueda» en la recuperación de recuerdos. El hipocampo actúa junto con distintas partes del cerebro para coger todas las imágenes, emociones y sensaciones de la memoria implícita y juntarlas a fin de convertirlas en las «imágenes» reunidas que constituyen nuestra comprensión explícita de nuestras experiencias del pasado.

Imagina que el hipocampo es un gran experto en el montaje de rompecabezas y se dedica a encajar las piezas de la memoria implícita. Cuando las imágenes y las sensaciones de la experiencia existen únicamente de forma implícita, cuando no han sido integradas por el hipocampo, permanecen aisladas unas de otras, dispuestas sin orden ni concierto en nuestro cerebro. En lugar de ofrecer una imagen clara y completa, un rompecabezas acabado, nuestros recuerdos implícitos son como piezas sueltas de un rompecabezas. Por lo tanto, carecemos de claridad en nuestra propia narración en curso, que define explícitamente quiénes somos. Lo peor de todo es que estos recuerdos exclusivamente implícitos siguen dando forma a nuestra manera de contemplar e interactuar con nuestra realidad de aquí y ahora. Afectan a nuestra noción de quiénes somos en cada momento: *todo ello sin ser siquiera conscientes de que inciden en la manera en que interactuamos con el mundo.*

Por lo tanto, es fundamental que reunamos estas piezas implícitas para montar el rompecabezas y darle una forma explícita, lo que nos permitirá reflexionar acerca de su impacto en nuestra vida. Es entonces cuando interviene el hipocampo. Al llevar a cabo la importante función de integrar los recuerdos implícitos y explícitos, nos permite convertirnos en autores activos de la historia de nuestra propia vida. Cuando Tina habló con su hijo de sus asociaciones entre el miedo y las clases de natación, no hizo más que ayudar a su hipocampo a cumplir con su cometido. No costó mucho que los recuerdos implícitos se volvieran explícitos, permitiendo al niño enfrentarse a su miedo y dar sentido a una experiencia dolorosa del pasado y a la manera en que seguía afectándolo en el presente.

Cuando no concedemos a los niños la oportunidad de expresar sus sentimientos y recordar lo sucedido después de un hecho impactante, sus recuerdos exclusivamente implícitos permanecen de forma des-integrada, impidiéndoles dar sentido a su experiencia. Pero cuando ayudamos a nuestros hijos a integrar el pasado en el presente, pueden dar sentido a lo que ocurre dentro de ellos y controlar cómo piensan y se comportan. Cuanto más promovamos esta clase de integración de la memoria en nuestros hijos, menos respuestas irracionales veremos ante lo que ocurre ahora, las cuales en realidad son reacciones residuales del pasado.

Esto tampoco significa que la integración de la memoria sea para los padres una panacea que prevendrá todos los estallidos y reacciones irracionales. Pero es una poderosa herramienta para abordar las experiencias difíciles del pasado, y te alegrarás de conocerla la próxima vez que tu hijo se resista a algo por una razón desconocida. Sí, cuando tu hijo de cinco años no encuentre la luz trasera para acabar de montar el todoterreno de Luke Skywalker y suelte una andanada de gritos descontrolados contra la «estúpida tienda de Lego», es posible que no tenga nada que ver con un recuerdo implícito inspirado por George Lucas. De hecho, antes de darle demasiadas vueltas a la situación, detente y analiza los elementos básicos: ¿no será que tu pequeño Jedi tiene hambre, o que está enfadado o cansado, o que se siente solo? Si es así, son todos problemas de fácil solución. Dale una manzana. Atiende a sus sentimientos de frustración. Pasa unos minutos con él ayudándolo a localizar la pieza que falta. Acuestalo más temprano para que recupere el sueño perdido y se porte mejor al día siguiente. Los niños suelen comportarse de la mejor manera a su alcance; solo necesitan que atendamos sus necesidades básicas. Mientras descubres cómo funciona el cerebro y analizas toda la información que damos aquí, no olvides lo sencillo y obvio, las cosas pequeñas que ya sabes. El sentido común puede llevarte muy lejos.

Sin embargo, si detectas que está sucediendo algo más importante, no estará de más intentar recordar experiencias del pasado que tal vez incidan en la situación actual. Puede que no siempre sea posible relacionar una reacción extrema de tu hijo con un hecho concreto del pasado, así que no fuerces una conexión que no existe. Pero si piensas que cabe la posibilidad de que un hecho influya en las acciones de tu hijo, a continuación te daremos unas cuantas herramientas prácticas que puedes enseñarle para ayudarlo a integrar sus recuerdos implícitos y explícitos y conseguir un mayor control sobre la manera en que responde a sus circunstancias actuales.

Lo que puedes hacer:
   Ayudar a tu hijo a integrar los recuerdos implícitos y explícitos
Estrategia del cerebro pleno n° 6:
   Usa el mando a distancia de la mente: reproduce los recuerdos

También en este caso una de las maneras más eficaces de promover la integración es contar historias. En el capítulo 2 hemos hablado de la importancia de la narración al integrar los hemisferios derecho e izquierdo. Contar historias es una actividad que también puede ser eficaz para integrar los recuerdos implícitos y explícitos. Pero a veces, si un niño está bajo los efectos de una experiencia especialmente dolorosa del pasado, es posible que no esté preparado para recordar ese hecho por entero. En ese caso, puedes darle a conocer su reproductor de DVD interno, que tiene un mando a distancia con el que puede reproducir la experiencia en la cabeza. También puede hacer pausas, rebobinar y avanzar rápidamente. Igual que hacemos avanzar la imagen en las partes que dan miedo de una película o rebobinamos para volver a ver una escena preferida, el mando a distancia de la mente es una herramienta que proporciona cierto control a tu hijo cuando vuelve a toparse con un recuerdo desagradable. He aquí una manera en que un padre usó esta técnica.

Eli, el hijo de diez años de David, sorprendió a su padre cuando dijo que ese año no quería participar en el Pinewood Derby, la carrera organizada por los Lobatos en la que cada niño construye su propio auto de madera con la ayuda de su padre o madre. David se quedó desconcertado, porque cada año uno de los mejores momentos del invierno para Eli era cuando trabajaba junto a su padre tallando, dando forma y pintando un bloque de madera de pino hasta convertirlo en un auto deportivo. Tras varias conversaciones, David advirtió que Eli incluso se negaba a acercarse a las herramientas de carpintería, sobre todo a las que tenían filo. A partir de ahí fue bastante sencillo relacionar la nueva fobia de Eli con un episodio sucedido unos meses antes.

El verano anterior, Eli había llevado su navaja al parque sin el permiso de sus padres. Su amigo Ryan y él se habían entretenido cortando y tallando con la navaja, hasta que se produjo un accidente. Al cortar una raíz, Ryan la traspasó con el cuchillo y se lo clavó en la pierna, con la consiguiente hemorragia y el traslado en ambulancia a urgencias. Tras darle unos cuantos puntos, enseguida se encontró perfectamente y ni siquiera pareció muy traumatizado por lo ocurrido. Pero Eli, mientras esperaba en su casa preguntándose cómo estaría Ryan, lo pasó mal. Siendo como era un niño compasivo y responsable, Eli no podía digerir el hecho de que había sido su navaja, que él había llevado al parque sin permiso, la que había lastimado a su amigo y causado tantos problemas. Esa noche los padres de los dos niños los reunieron y les permitieron hablar de lo ocurrido, y parecía que los dos dejaban atrás el incidente. Pero de pronto, al cabo de unos meses, era evidente que el recuerdo había vuelto a incidir en Eli sin que él se diera cuenta. No parecía consciente de que las herramientas de carpintería le daban miedo a causa de lo sucedido con Ryan y su navaja.

David decidió ayudar a Eli a convertir el recuerdo implícito en un recuerdo explícito. Pidió a su hijo que fuera con él al garaje, donde guardaba sus herramientas. En cuanto Eli entró en el garaje y vio la sierra eléctrica, abrió los ojos de par en par y su padre advirtió el miedo en su rostro. Intentando aparentar normalidad, Eli dijo:

—Papá, este año no quiero participar en el Pinewood Derby.

David respondió con su voz más afectuosa:

—Ya lo sé, hijo, y también creo saber por qué.

Habló a Eli de la relación entre la carrera de coches y el accidente con la navaja, pero Eli, resistiéndose a aceptar esta explicación, dijo:

—No, no es eso. Lo que pasa es que ahora mismo estoy muy ocupado en la escuela.

Aun así, David insistió.

—Ya sé que estás ocupado, pero creo que hay algo más que eso. Hablemos otra vez de lo que pasó aquel día en el parque.

El rostro de Eli de nuevo manifestó miedo.

–Papá, aquello ocurrió hace mucho tiempo. No tenemos que hablar de eso.

David lo tranquilizó y a continuación le enseñó una poderosa técnica para enfrentarse a los recuerdos dolorosos.

–Te voy a contar la historia de lo que ocurrió –dijo a su hijo–, igual que tú me la contaste a mí el verano pasado. Y quiero que imagines la historia en tu cabeza, como si vieras un DVD dentro de tu cerebro.

Eli lo interrumpió:

–Papá, de verdad que no quiero.

–Ya sé que no quieres –respondió David–. Pero aquí es donde viene lo divertido. Quiero que imagines que tienes un mando a distancia, como el que usamos cuando vemos una película en casa. Y cuando yo llegue a la parte de la historia en la que no quieres pensar, le das al botón de pausa. Cuando digas «Pausa», me detendré. Entonces podremos hacer avanzar rápidamente esa escena. ¿Qué te parece?

–De acuerdo –contestó Eli lentamente, tal como hacen los niños cuando responden a una petición que les parece absurda.

David empezó a contar la historia. Explicó que Eli llegaba al parque, que Ryan y él empezaban a tallar corteza de los árboles, y todo lo demás. Cuando dijo «Entonces Ryan cogió una raíz y empezó a cortarla», Eli lo interrumpió:

–Pausa. –Lo dijo en voz baja, pero con firmeza.

–Está bien –dijo David–. Ahora hagamos avanzar la escena rápidamente hasta la llegada al hospital.

–Más.

–¿Hasta la vuelta de Ryan a casa?

–Más.

–¿Hasta cuando vino a casa por la noche?

–Sí.

Estrategia n° 6
EN LUGAR DE HACER AVANZAR LA ESCENA Y OLVIDAR...

... INTENTA REBOBINAR Y RECORDAR

David entonces describió el feliz encuentro entre los dos amigos: cómo se saludaron y luego desaparecieron para entretenerse con los videojuegos. David hizo hincapié en que Ryan y sus padres habían insistido en que no estaban disgustados con Eli y en que para ellos todo aquel episodio no había sido más que un accidente.

David miró a su hijo.

—Esa es la historia, pues, ¿no es así?

—Sí.

—Solo que hay una parte que hemos omitido.

—Lo sé.

—Rebobinemos y volvamos al punto donde hemos hecho la pausa y veamos lo que pasó. Y recuerda que ya hemos visto que la historia tiene un final feliz.

—Está bien.

David guió a Eli por las partes más dolorosas de la narración, y en ciertos momentos Eli volvió a pulsar el botón de pausa. Al final consiguieron acabar la historia, y así Eli empezó a liberar sus miedos asociados a los cuchillos y los cortes. Cuando llegaron al final feliz, David vio que Eli relajaba los músculos y la tensión en su voz se había reducido visiblemente. Durante las siguientes semanas tuvieron que volver a contar la historia varias veces, y Eli siguió sintiendo cierto nerviosismo al acercarse a los cuchillos, pero con la ayuda de su padre, el hipocampo de Eli integró sus recuerdos implícitos en su conciencia explícita. El resultado fue que Eli por fin pudo enfrentarse a las cuestiones que habían vuelto a asomar a la superficie. Al final su padre y él construyeron uno de sus mejores coches de madera de pino para el Pinewood Derby, al que llamaron Factor Miedo, y escribieron el nombre a cada lado del auto con unas letras terroríficas al estilo Halloween.

Recuerda que tu objetivo es ayudar a tus hijos a tomar las experiencias perturbadoras que ejercen un impacto sobre ellos sin que sean conscientes –las piezas del rompecabezas desperdiga-das en su mente– y conseguir que esas experiencias se vuelvan explícitas para que puedan ver con claridad y plena significación la imagen entera del rompecabezas. Al darles a conocer el man-do a distancia de la mente, que controla su reproductor de DVD interno, consigues que el proceso de la narración de la historia les provoque menos miedo, porque les ofreces la posibilidad de controlar lo que deben afrontar, permitiéndoles interactuar con la experiencia a su propio ritmo. Así podrán contemplar una ex-periencia que les dio miedo (o los enfureció o frustró) sin tener que revivirla inmediatamente escena por escena.

Estrategia del cerebro pleno nº 7:
    Acuérdate de recordar: convierte el acto de recordar en parte de la vida cotidiana de la familia

El acto de recordar se da de una manera natural en la mayoría de las personas. Pero la memoria es como muchas de las funciones del cerebro: cuanto más la ejercitamos, más fuerte se hace. Eso sig-nifica que cuando damos a nuestros hijos muchas ocasiones para recordar –animándolos a contar una y otra vez sus propias histo-rias–, mejoramos su capacidad de integrar los recuerdos implíci-tos y explícitos.

Así pues, nuestra segunda sugerencia es que sencillamente te acuerdes de recordar. Durante tus diversas actividades, ayuda a tus hijos a hablar de sus experiencias, para que puedan integrar sus recuerdos implícitos y explícitos. Esto es especialmente importan-te cuando se trata de los momentos más importantes y valiosos de su vida. Cuanto más puedas conducir esos momentos destacados a su memoria explícita –como las experiencias con la familia, las amistades importantes o los ritos iniciáticos–, más claras e influyentes serán esas experiencias.

Hay varias maneras prácticas de animar a los niños a recordar. La más natural es formular preguntas que les ayuden a rememorar. Con los niños muy pequeños, conviene hacerlo de una manera sencilla, centrándonos en dirigir su atención hacia los detalles del día. «¿Hoy has ido a casa de Carrie?» «¿Qué ha sucedido cuando hemos llegado allí?» La simple descripción de esa clase de hechos básicos ayuda a desarrollar la memoria de nuestros hijos y los prepara para interactuar con recuerdos más significativos en el futuro.

Conforme los niños se hacen mayores, podemos elegir los puntos en que vamos a centrarnos de una manera más estratégica. Por ejemplo, se puede preguntar por un problema que tuvieron con un amigo o profesor, por una fiesta a la que asistieron o los detalles del ensayo de la obra de teatro de la tarde anterior. O animarlos a escribir un diario. Los estudios han demostrado claramente que el simple hecho de recordar y explicar un acontecimiento escribiéndolo en un diario puede ayudar a mejorar las funciones cardiaca e inmunológica, así como el bienestar general. Pero lo que aquí nos atañe es que da a los niños una oportunidad de contar sus historias, lo que los ayuda en el proceso de darles sentido, y eso mejora su capacidad de comprender sus experiencias pasadas y presentes.

Cuando conversamos con los padres sobre la integración de la memoria y los animamos a ayudar a sus hijos a hablar de sus experiencias, es inevitable que surja una pregunta: «¿Y si no quiere hablar?». O: «¿Y si le pregunto cómo le ha ido en la clase de arte y solo contesta "Bien"?». Si tienes problemas para sonsacar a tu hijo detalles sustanciosos sobre su vida, recurre a la creatividad. Un truco para los niños más pequeños es jugar a las adivinanzas

Estrategia n° 7
EN LUGAR DE «¿CÓMO TE HA IDO EL DÍA?»...

... INTENTA ACORDARTE DE RECORDAR

cuando los recoges de la escuela. Di: «Cuéntame dos cosas que hayan sucedido de verdad hoy y otra que no. Y yo adivinaré cuáles han ocurrido de verdad». Es posible que esto no suponga un gran reto para ti –sobre todo cuando tienes que elegir entre «La señorita Derrick nos ha leído un cuento», «Nico y yo hemos espiado a las chicas» y «El capitán Garfio me ha capturado y me ha entregado a los cocodrilos para que me comieran»–, pero puede llegar a ser un juego divertido que los niños esperan con ilusión. No solo te da ocasión de conocer su vida, ya que te permite enterarte de dos de sus recuerdos de la escuela a diario, sino que también los ayuda a adquirir la costumbre de recordar y reflexionar acerca de los acontecimientos del día.

Otra madre, recién divorciada, quería asegurarse de no perder el contacto emocional con sus hijas mientras pasaban por ese difícil trance. Para ello, inició un ritual de preguntas cada noche en la cena: «Háblenme de cómo les fue en el día. Cuéntenme un momento bueno, un momento malo y un acto bondadoso que hayan hecho por alguien». Una vez más, esta clase de actividades y preguntas no solo animan a recordar, sino que también llevan a los niños a pensar más en sus propias emociones y acciones, en cómo comparten sus días con otras personas, en cómo pueden ayudar a los demás.

Si queremos que un niño piense más en sucesos concretos, podemos mirar con él álbumes de fotos y videos antiguos. Una manera excelente de ayudarlos a centrarse con mayor profundidad es crear e ilustrar un «libro de recuerdos» con ellos. Por ejemplo, cuando tu hija vuelve del campamento en el que se quedó a dormir fuera por primera vez, podemos reunir las cartas que envió a casa, diversos objetos de recuerdo y las fotos que sacó, y crear un libro de recuerdos con ella. Ella puede escribir pequeñas descripciones y notas en los márgenes: «Esta era mi cabaña» o «Esto fue después de la pelea con espuma de afeitar». Crear un libro así induce a la memoria de tu hija a registrar detalles que de lo contrario podría perder en los siguientes meses y años, además de darle la oportunidad de compartir contigo más cosas sobre este importante acontecimiento de su vida.

Solo mediante preguntas y animando a recordar, podemos ayudar a nuestros hijos a conservar en la memoria y entender acontecimientos importantes del pasado, lo que los ayudará a comprender mejor lo que les está ocurriendo en el presente.

Los niños de cerebro pleno:
Enseña a tus hijos a convertir los recuerdos implícitos en recuerdos explícitos

Te hemos ofrecido varios ejemplos de cómo hablar con tus hijos sobre los recuerdos implícitos y explícitos. Si ves que tu hijo está pasándolo mal debido a una experiencia desagradable, una de las mejores cosas que puedes hacer es hablar con él y ayudarlo a contar esa experiencia. Pero también puede ser útil explicar lo que está ocurriendo en el cerebro cuando una experiencia del pasado empieza a controlar conductas y sentimientos del presente. Podrías explicarlo de la siguiente manera:

LOS NIÑOS DE CEREBRO PLENO

Enseña a tus hijos a convertir los recuerdos implícitos en recuerdos explícitos

MONTAR EL ROMPECABEZAS DE LA MEMORIA

CUANDO OCURRE ALGO, TU CEREBRO LO RE-CUERDA. PERO NO SIEMPRE ES EN FORMA DE RECUERDO ENTERO, EN SU TOTALIDAD. ES MÁS BIEN COMO SI UNAS PIEZAS PEQUEÑAS DE UN ROMPECABEZAS DE LO SUCEDIDO FLO-TARAN EN TU CABEZA.

Lo que pasó es que...

LA MANERA DE AYUDAR A TU CEREBRO A REUNIR LAS PIEZAS Y MONTAR EL ROMPECA-BEZAS ES CONTAR LA HISTORIA DE LO QUE SUCEDIÓ.

CONTAR UNA HISTORIA ES FANTÁSTICO CUANDO TRATA DE ALGO DIVERTIDO, COMO UNA FIESTA DE CUMPLEAÑOS. SOLO CON HABLAR DE ELLO, CONSEGUIMOS RECORDAR LO BIEN QUE NOS LO PASAMOS.

PERO A VECES NOS OCURRE ALGO DE-SAGRADABLE, Y ES POSIBLE QUE NO QUERAMOS RECORDARLO. EL PROBLE-MA ES QUE CUANDO NO PENSAMOS EN ELLO LAS PIEZAS DEL ROMPECABEZAS NO VUELVEN A JUNTARSE Y PODEMOS SENTIR MIEDO, TRISTEZA O ENFADO SIN SABER POR QUÉ.

POR EJEMPLO:

Integrarnos: convertir nuestros propios recuerdos implícitos en recuerdos explícitos

Los niños no son los únicos cuyos recuerdos pueden interferir en su vida sin siquiera darse cuenta de ello. Naturalmente, eso es algo que también ocurre a los padres. Los recuerdos implícitos influyen en nuestra conducta, emociones, percepciones e incluso en nuestras sensaciones físicas, y podemos no percatarnos en absoluto de la influencia del pasado en el presente. Dan experimentó esto de primera mano como padre primerizo:

Nada más nacer mi hijo, me alteraba mucho cada vez que lo oía llorar inconsolablemente. Ya sé que a cualquiera le cuesta oír el llanto de un niño, pero yo sencillamente no lo soportaba. De pronto era presa del pánico, y me invadían el terror y el espanto. Exploré una teoría tras otra para explicar mi reacción intensa y aparentemente injustificada, pero ninguna me pareció aplicable a mi caso.

Hasta que un día mi hijo empezó a llorar y una imagen asomó a mi cabeza. Era de un niño pequeño en la mesa de exploración, gritando, con una mirada de terror en el rostro enrojecido y arrugado. Yo estaba a su lado y, en mi función de joven residente de pediatría en el Centro Médico de UCLA, debía extraerle sangre para averiguar la razón de una fiebre muy alta. Mi compañero residente y yo teníamos que revivir ese horror niño tras niño: uno de nosotros sujetando la jeringa, el otro sujetando al niño que chillaba.

Hacía años que yo no pensaba en el período de residente en pediatría. En general, tenía el recuerdo de que había sido un buen año, y de que me dejó un buen sabor de boca al acabar. Pero los llantos a medianoche de mi hijo de seis meses desencadenaron la imagen de esa escena del pasado y durante los siguientes días empecé a entender la relación entre ambos hechos. Pensé mucho en esos recuerdos y hablé con unos cuantos amigos y colegas sobre mi experiencia. Empecé a comprender con claridad que ese trauma de varios años antes había permanecido implícito y no había asomado explícitamente hasta entonces. Vi que había concluido mi residencia de un año y pasado a la siguiente etapa de mi vida sin haber reflexionado conscientemente sobre mis experiencias dolorosas. Nunca las procesé de un modo que me permitiera recuperarlas más adelante de una manera explícita.

Años más tarde, pues, como joven padre, hice la dolorosa autorreflexión que me permitió verlo como un asunto sin resolver dentro de mí, y pude por fin oír los gritos de mi hijo como lo que eran, sin todo el bagaje del pasado.

Los recuerdos no examinados (o des-integrados) causan toda clase de problemas a cualquier adulto que lleve una vida sana y relacional. Pero para los padres estos recuerdos ocultos son especialmente peligrosos, sobre todo por dos razones. En primer lugar, incluso cuando son muy pequeños, nuestros hijos pueden percibir nuestros sentimientos de pavor o angustia o ineptitud, aun cuando no nos demos cuenta de que los experimentamos. Y cuando un padre o una madre está alterado, es muy difícil que un niño esté tranquilo y feliz. En segundo lugar, los recuerdos implícitos pueden desencadenar respuestas en nosotros que nos llevan a comportarnos de maneras que no deseamos. Sentimientos antiguos surgidos cuando otras personas o nuestros propios padres nos han dejado de lado, abandonado o decepcionado pueden impedirnos ser maduros, cariñosos y respetuosos cuando interactuamos con nuestros hijos.

Así pues, la próxima vez que veas que reaccionas de una manera quizá demasiado exagerada cuando te disgustas con tus hijos, pregúntate: «¿Tiene sentido esta reacción mía?»

La respuesta puede ser: «Sí. El bebé está berreando, mi hijo de tres años acaba de pintar el horno de color azul y en medio de todo esto al de ocho años no se le ocurre otra cosa que subir el volumen de la televisión. ¡Tiene mucho sentido que me entren ganas de tirar algo por la ventana!»

Pero en otros momentos la respuesta puede ser: «No, estos sentimientos no tienen sentido. No hay ninguna razón para que me tome como algo personal el hecho de que esta noche mi hija quiera que su padre le lea el cuento en lugar de hacerlo yo. No tiene por qué sentarme tan mal». Basándonos en lo que sabemos sobre la memoria implícita, el hecho de comprender algo así es una oportunidad para ahondar más en lo que ocurre. Si reaccionamos de un modo que no podemos explicar o justificar, probablemente ha llegado el momento de preguntar: «¿Qué está pasando aquí? ¿Esto me está recordando algo? ¿Y de dónde demonios vienen estos sentimientos y esta conducta?». (Hablaremos más de este proceso en la sección «Integrarnos» del capítulo 6. También recomendamos el libro de Dan *Parenting from the Inside Out*, escrito con Mary Hartzell, como un lugar magnífico para iniciar este viaje de exploración.)

Al integrar nuestros recuerdos implícitos y explícitos y proyectar la luz de la conciencia sobre los momentos difíciles de nuestro pasado, entenderemos cómo influye el pasado en nuestra relación con nuestros hijos. Podremos permanecer atentos a cómo nuestros asuntos afectan a nuestros estados de ánimo y cómo se sienten nuestros hijos. Cuando nos sentimos ineptos, frustrados o excesivamente reactivos, podemos intentar ver qué hay detrás de esos sentimientos y explorar si guardan relación con algún hecho de nuestro pasado. A continuación podremos trasladar nuestras experiencias al presente y entretejerlas en la historia más amplia de nuestra vida. Eso nos dará la libertad de ser la clase de progenitor que queremos ser. Daremos sentido a nuestra propia vida, y eso ayudará a nuestros hijos a hacer lo mismo con la suya.

–¿Es que hay algo que Josh no sea capaz de hacer?

Esta era la pregunta que formulaban los demás padres a Amber acerca de su hijo de once años, un niño de gran inteligencia y talento. Josh parecía destacar en todo –la escuela, el deporte, la música y las actividades sociales– y tenía a sus amigos y a sus padres maravillados con sus habilidades.

Aun así, Amber sabía que por mucho éxito que Josh lograra, él personalmente albergaba serias dudas en cuanto a su valía y, por lo tanto, sentía una apremiante necesidad de ser perfecto en todo. Dicho perfeccionismo lo llevaba a pensar que, pese a sus numerosos éxitos, nunca hacía las cosas todo lo bien que debería. Se reprendía emocionalmente cada vez que cometía un error, ya fuera cuando fallaba un tiro en un partido de baloncesto o cuando dejaba olvidada la lonchera en la escuela.

Al final Amber llevó a Josh a ver a Tina, quien pronto se enteró de que sus padres se habían divorciado cuando él era bebé y que su padre había desaparecido, por lo que su madre había tenido que criarlo sola. Con el tiempo, se puso de manifiesto que Josh se culpaba de la ausencia del padre, creyendo que por alguna razón él había sido la causa de su marcha, y ahora hacía todo cuanto estaba en sus manos para evitar hasta el más mínimo error. La memoria implícita de Josh había relacionado el hecho de no ser perfecto con el abandono. Por consiguiente, los pensamientos que le rondaban por la cabeza de manera cotidiana –«Tendría que haberlo hecho mejor»; «Qué tonto soy»; ¿Y eso por qué lo he hecho?»– le impedían ser un niño de once años feliz y despreocupado.

Lo primero que hizo Tina en su trabajo con Josh fue enseñarle a fijarse en esos pensamientos. Algunos eran alimentados por unos recuerdos implícitos muy arraigados que requerían un enfoque profundo para su curación. Pero Tina también lo ayudó a comprender el poder de su mente y a darse cuenta de que dirigiendo su atención él podía controlar y, hasta cierto punto, *elegir* cómo se sentía, y cómo debía responder a distintas situaciones. Para Josh, el gran paso adelante se produjo cuando Tina le dio a conocer el concepto de *mindsight*, «visión de la mente».

LA VISIÓN DE LA MENTE Y LA RUEDA DE LA CONCIENCIA

Fue Dan quien acuñó el término «visión de la mente», y como explica en el libro que lleva el mismo título, el significado más elemental se reduce a dos cosas: la comprensión de nuestra propia mente y la comprensión también de la mente del otro. En el próximo capítulo nos centraremos en la conexión con los demás. Pero, de momento, abordaremos el primer aspecto del enfoque de la visión de la mente: la comprensión de nuestra propia mente. Al fin y al cabo, es ahí donde empiezan la salud mental y el bienestar: en la claridad y el conocimiento de nuestra mente individual. Esa es la idea que Tina empezó a enseñar a Josh. Le dio a conocer un modelo creado por Dan: la rueda de la conciencia.

El concepto básico, como se ve en el diagrama de la página 132, es que nuestra mente puede concebirse como la rueda de una bicicleta, con un disco en el centro y los radios que se proyectan hacia el aro exterior. El aro representa todo aquello en lo que podemos fijarnos o de lo que podemos ser conscientes: nuestros pensamientos y sentimientos, nuestros sueños y deseos, nuestros recuerdos, nuestras percepciones del mundo exterior y las sensaciones de nuestro cuerpo.

El disco es el lugar interior de la mente desde el que tomamos conciencia de todo lo que ocurre a nuestro alrededor y dentro de nosotros. Equivale básicamente a nuestra corteza prefrontal, que, recordemos, contribuye a integrar todo el cerebro. El disco representa parte de lo que se llama el cerebro ejecutivo, porque es ahí donde tomamos nuestras mejores decisiones; también constituye la zona del cerebro que nos permite conectar profundamente con los demás y con nosotros mismos. Nuestra conciencia reside en el disco, y desde ahí podemos centrarnos en los distintos aspectos del aro de nuestra rueda.

El modelo de la rueda de la conciencia enseguida tuvo un poderoso efecto en Josh porque le permitió entender que los diversos pensamientos y sentimientos que le causaban tantos problemas eran solo distintos *aspectos* de él mismo. No eran más que unos cuantos aspectos en el aro de su rueda, y no tenía por qué prestarles tanta atención. (Véase el diagrama de la rueda de la conciencia personal de Josh en la página 133.) Tina lo ayudó a ver que su estado de ánimo dependía del conjunto de puntos en el aro en que se centraba en un momento dado. En otras palabras, su angustia y sus miedos se producían porque se centraba en un conjunto de aspectos en el aro que generaban angustia, como su temor a sacar un simple «Bien» en una tarea, o su preocupación por no recordar las notas que debía tocar en el solo con su orquesta. Incluso las sensaciones físicas que experimentaba, el nudo de angustia en el estómago y la tensión en los hombros, eran aspectos en el aro que lo llevaban a centrarse en su miedo y su sensación de fracaso.

Con la visión de la mente, Josh pudo ver lo que ocurría en su propia cabeza, permitiéndole comprender que era él quien concedía tanto tiempo y tanta energía a esos aspectos del aro, y que si lo deseaba, podía volver a su disco, donde vería la imagen completa y podría centrarse en otros aspectos distintos del aro. Todos esos

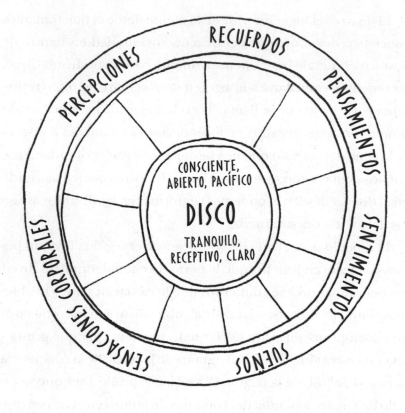

temores y preocupaciones sin duda formaban parte de él, pero no representaban la totalidad de su ser. En lugar de eso, desde su disco en el centro de la rueda, que era la parte más reflexiva y objetiva de él, podía *elegir* el grado de atención que iba a concederles, así como decidir en qué otros aspectos del aro deseaba centrarse.

Como le explicó Tina, al fijar toda su atención en estos pocos aspectos desagradables del aro, Josh estaba excluyendo muchos otros que podía integrar en su visión del mundo. Eso lo llevaba a dedicar todo su tiempo a trabajar, estudiar, ensayar y preocuparse, cuando podía estar prestando atención a otros aspectos del aro más productivos, como su confianza en su talento musical y en su inteligencia, así como su convicción de que era un chico inteligente y su deseo de relajarse y divertirse sin más de vez en cuando.

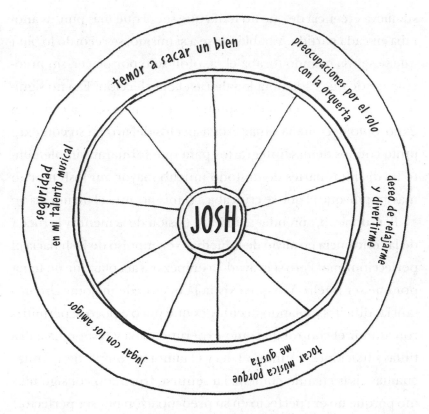

Tina explicó a Josh la importancia de integrar las distintas partes de sí mismo, los rasgos únicos de su personalidad, para que unas pocas de esas partes no dominaran por completo a todas las demás. Estaba bien, le explicó, fijarse en los aspectos del aro que lo llevaban a conseguir cosas y destacar. Estos eran rasgos positivos de él e incluso saludables. Pero esos aspectos debían integrarse con los otros para que él no renunciara a todos los demás aspectos de él, que también eran buenos y saludables.

Así pues, Josh empezó a esforzarse por dirigir su atención hacia los aspectos que no conducían necesariamente al perfeccionismo. Comenzó a fijarse sobre todo en esa parte de él que disfrutaba quedándose a jugar con sus amigos a la salida de la escuela, incluso si eso significaba perder tiempo de estudio. Se centró en su nueva creencia de que no tenía que ser el que más puntos anotaba en cada partido. Y hablándose a sí mismo, se recordó lo bien que se sentía cuando tocaba el saxofón solo por placer, sin preocuparse de que cada nota le saliera a la perfección. Eso no significaba que debiera dejar de aspirar a conseguir cosas y alcanzar el éxito. Solo necesitaba situar esos aspectos del aro en su contexto junto con los demás, integrarlos para que formaran simplemente las distintas partes de un todo mucho mayor, un Josh mucho más grande que el que se criticaba a sí mismo ante el menor error.

Por supuesto, aprender a utilizar la visión de la mente y la rueda de la conciencia no alivió de inmediato el impulso de Josh hacia el perfeccionismo. Pero sí lo ayudó a empezar a aceptar que no tenía por qué ser infeliz. Vio que existía la opción de mejorar circunstancias difíciles tomando decisiones que poco a poco le permitieron asumir el control de cómo experimentaba y respondía a distintas situaciones. (Aunque Tina y él también compartieron unas cuantas risas cuando comenzó a sentirse frustrado consigo mismo porque no era perfecto en su preocupación por ser perfecto.)

ATASCADO EN EL ARO: DISTINGUIR ENTRE «SER» Y «ESTAR»

El sufrimiento de Josh se debía a que estaba «atascado en el aro» de la rueda de la conciencia. En lugar de percibir el mundo desde el disco central de su rueda e integrar los muchos aspectos del aro, dirigía toda su atención hacia solo unos pocos aspectos concretos del aro que generaban un estado de angustia y de autocrítica. Por consiguiente, perdió el contacto con muchas de las demás partes del aro que podían ayudarlo a sentirse más tranquilo y conforme. Eso es lo que pasa cuando los niños no trabajan desde una rueda de la conciencia integrada. Igual que los adultos, pueden quedarse atascados en determinados aspectos del aro, en uno o unos pocos aspectos concretos de su ser, lo que a menudo conduce a la rigidez o al caos.

Eso los lleva a no captar la diferencia entre «ser» y «estar». Cuando los niños experimentan cierto estado de ánimo, como tristeza o nerviosismo, pueden tender a definirse a sí mismos basándose en esa experiencia temporal, en lugar de comprender que eso es sencillamente como se sienten en ese momento en particular. En lugar de decir «estoy nervioso» o «ahora mismo estoy triste», dicen «soy nervioso» o «soy triste». El peligro reside en que pueden percibir ese estado de ánimo pasajero como una parte de su yo permanente. El *estado* acaba viéndose como un *rasgo* que define quiénes son.

Imaginemos, por ejemplo, a una niña de nueve años que encuentra dificultades con los deberes, a pesar de que no tiene grandes problemas en la escuela. A menos que integre sus sentimientos de frustración e incompetencia con las demás partes de sí misma –comprendiendo que una emoción solo es un aspecto del todo más amplio que la conforma a ella como persona–, es posible que empiece a ver ese estado momentáneo como un rasgo o una característica de su personalidad más permanente. Puede que diga algo como «Soy muy tonta. Los deberes son demasiado difíciles para mí. Nunca los haré bien».

Pero si sus padres la ayudan a integrar todas las partes de su ser, reconociendo los distintos aspectos en el aro de su rueda, la niña puede evitar identificarse únicamente con ese sentimiento en particular de ese momento en particular. Puede desarrollar la visión de la mente para comprender que aunque se sienta frustrada por las dificultades que tiene en ese momento, eso no quiere decir que sea tonta o que siempre le costará. Desde el disco central de su mente, puede fijarse en varios aspectos en el aro y comprender que aunque tenga dificultades en ese momento, en el pasado demostró que en general podía arreglárselas muy bien con los deberes sin que le costara tanto. Incluso podría recurrir a la sana técnica de hablarse a sí misma, diciéndose: «¡Odio estos deberes! ¡Me están volviendo loca! Pero sé que soy lista. Lo que pasa es que este ejercicio es muy difícil». El simple hecho de reconocer la existencia de distintos aspectos en el aro puede ser una gran ayuda para aprender a controlar y desplazar sus sentimientos negativos. Es posible que siga *sintiéndose* tonta, pero con la ayuda de sus padres y con un poco de práctica, podrá evitar ver ese estado provisional como un rasgo permanente que la define.

Esa es una de las cosas más provechosas de la rueda de la conciencia: permite a los niños ver que tienen distintas opciones a la hora de elegir en qué van a centrarse y fijar su atención. Les proporciona una herramienta con la que integrar las distintas partes de sí mismos, para no convertirse en rehenes de una constelación negativa de sentimientos o pensamientos que claman por su atención. Cuando los niños (y en realidad también los adultos) pueden desarrollar esa clase de visión de la mente, adquieren la capacidad de tomar decisiones que les permiten controlar tanto sus experiencias como la manera de responder a su mundo. Con el tiempo y un poco de práctica, aprenden a dirigir su atención de formas que son de una gran ayuda para ellos y para quienes los rodean, incluso en los momentos difíciles.

EL PODER DE LA ATENCIÓN FOCALIZADA

Para comprender por qué la visión de la mente ofrece posibilidades que confieren tanto poder, resulta muy útil saber qué ocurre en el cerebro cuando una persona se concentra en un conjunto determinado de aspectos del aro. Como ya hemos comentado, el cerebro cambia físicamente en respuesta a las experiencias nuevas. Si nos lo proponemos y nos esforzamos, podemos adquirir aptitudes mentales. Es más, cuando dirigimos nuestra atención de una manera distinta a la habitual, en realidad estamos creando una experiencia nueva que puede alterar la actividad y, a la larga, la propia estructura del cerebro.

He aquí lo que pasa. Cuando tenemos una experiencia nueva o nos concentramos en algo –por ejemplo, en cómo nos sentimos o en un objetivo que nos gustaría conseguir–, se produce la activación neural. En otras palabras, las neuronas (las células del cerebro) se ponen en marcha. Esta activación neural genera la producción de las proteínas que permiten el establecimiento de conexiones nuevas entre las neuronas que se han puesto en marcha. Recordemos que las neuronas que se encienden al mismo tiempo se conectan entre sí al mismo tiempo. Todo este proceso –desde la activación neural hasta el crecimiento neural y el refuerzo de las conexiones– se llama *neuroplasticidad.* Significa en esencia que el propio cerebro es plástico, o maleable, y cambia en función de lo que experimentamos, así como de aquello en lo que fijamos nuestra atención. Y estas nuevas conexiones neurales, creadas cuando fijamos la atención en algo, alteran a su vez la manera en que respondemos a nuestro mundo e interactuamos con él. Por eso la práctica repetida de algo puede convertirse en una aptitud y un estado puede convertirse en un rasgo, tanto para bien como para mal.

Existen muchas pruebas científicas que demuestran que fijar la atención en determinados aspectos conduce a una reconfiguración del cerebro. Los animales que reciben una recompensa por prestar atención a los ruidos (cuando cazan o evitan que los cacen a ellos, por ejemplo) tienen centros auditivos de gran tamaño en el cerebro. Asimismo, los animales que reciben una recompensa por una vista aguda poseen una extensa área visual. Los escáneres

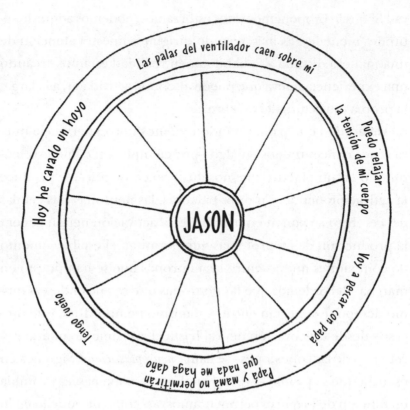

cerebrales de los violinistas también ofrecen pruebas de esto mismo, mostrando un crecimiento y una expansión espectaculares en las regiones de la corteza que representan la mano izquierda, cuyos dedos deben tocar las cuerdas con gran precisión y a menudo a una gran velocidad. Otros estudios han demostrado que el hipocampo, esencial para la memoria espacial, es mayor en los taxistas. La cuestión es que la arquitectura física del cerebro cambia según hacia dónde dirigimos la atención y según las actividades que practicamos con regularidad.

Hace poco vimos este principio aplicado a Jason, un niño de seis años. A veces Jason se obsesionaba con miedos irracionales, y tenía a sus padres desesperados. De pronto empezó a experimentar dificultades para conciliar el sueño porque le daba miedo que el ventilador del techo de su habitación cayera sobre él y lo aplastara. Sus padres le habían mostrado repetidas veces lo bien sujeto que estaba el ventilador al techo y le habían dado toda clase de explicaciones lógicas para que entendiera que él no corría ningún peligro en su cama. Pero cada noche los miedos de su cerebro inferior se adueñaban de los pensamientos de su cerebro superior racional y lógico. Se quedaba despierto hasta mucho después de acostarse, preocupado por lo que podría pasar si se soltaban los tornillos y las palas giratorias caían y lo hacían trizas: tanto a él, como a su cama y sus sábanas de Darth Vader.

En cuanto sus padres descubrieron la visión de la mente y le explicaron la rueda de la conciencia, Jason de pronto dispuso de una valiosa herramienta que representó un alivio no solo para él, sino también para toda su familia. Se dio cuenta de que, como Josh, se había quedado atascado en su aro, obsesionado con su miedo de lo que podía pasar si se caía el ventilador del techo. Sus padres lo ayudaron a volver a colocarse en su disco central, donde podía reconocer las sensaciones físicas que le avisaban cuando esa obsesión empezaba a introducirse en su cabeza –la sensación de angustia en el pecho, la tensión en los brazos, las piernas y la cara–, para que entonces él pudiera dirigir la atención hacia algo que lo relajara. A continuación podía dar los siguientes pasos para juntar las distintas partes de sí mismo. Podía pensar en otros aspectos del aro: la certeza de que sus padres lo protegerían y jamás le dejarían dormir bajo un ventilador que pudiera caerse y hacerle daño, o su recuerdo de lo mucho que se había divertido ese día cavando un gran hoyo en el jardín. O podía concentrarse en la tensión que sentía en el cuerpo y usar imágenes guiadas para tratar de relajarse. A Jason le encanta pescar, así que aprendió a imaginarse en un barco con su padre. (Enseguida hablaremos en detalle de esta técnica.)

Una vez más, todo se reduce a la toma de conciencia. Al ser consciente de que estaba atascado en una parte del aro de la rueda y al comprender que tenía otras opciones a la hora de centrar su atención, Jason aprendió a desplazar esa atención y por lo tanto modificar su estado mental. Eso significaba que podía tomar decisiones que facilitaban la vida tanto a él como a su familia. Todos sobrevivieron a esta difícil etapa sin tener que retirar el ventilador del techo.

Pero una vez más la integración no solo condujo a la supervivencia, sino también al progreso. La visión de la mente no fue para Jason un simple parche que los ayudó a él y a sus padres a enfrentarse a un obstáculo especialmente difícil a la hora de irse a dormir. También produjo un cambio fundamental que proporcionará beneficios ya bien entrada la edad adulta. En otras palabras, aprender a usar la rueda de la conciencia y a apartar la atención de aquello en lo que esta se posaba espontáneamente cambió la perspectiva de Jason, pero sirvió para mucho más que eso. Al entender Jason este principio y ejercitar la concentración en otros aspectos del aro, pese a su corta edad, las neuronas de su cerebro se encendieron de manera distinta y establecieron conexiones nuevas. Eso cambió la estructura de su cerebro y lo volvieron menos vulnerable no solo a este miedo y esta obsesión en concreto, sino también a obsesiones y miedos futuros, como cuando lo aterrorizó la idea de cantar en un escenario para el concierto de Navidad en la escuela, o se puso nervioso cuando lo invitaron a dormir en casa de un amigo. La visión de la mente, junto con la toma de conciencia que supuso, de hecho alteró el cerebro de Jason. Debido a su manera de ser, es probable que siga enfrentándose a ciertas preocupaciones consustanciales a su personalidad. Pero durante el resto de su vida recogerá los frutos de este trabajo para conseguir un cerebro pleno realizado en la infancia y dispondrá de una herramienta poderosa para abordar otros miedos y obsesiones.

Como comprobaron el padre y la madre de Jason, la visión de la mente puede ser un descubrimiento emocionante para los padres, sobre todo cuando ven el poderoso efecto de la integración en la vida de su hijo. Es muy emocionante entender (y enseñar a nuestros hijos) que podemos usar la mente para controlar nuestra vida. Dirigiendo nuestra atención, podemos dejar de estar sujetos a la influencia de factores que están dentro de nosotros y alrededor, y pasar a ser nosotros quienes ejerzamos la influencia en ellos. Cuando tomamos conciencia de la multitud de emociones y fuerzas cambiantes que actúan dentro de nosotros y alrededor, podemos reconocer su existencia e incluso aceptarlas como parte de nosotros mismos, pero sin permitir que nos intimiden o nos definan. Podemos desplazar nuestra atención hacia otros aspectos en el aro de la rueda de la conciencia, de modo que dejamos de ser víctimas de fuerzas que aparentemente escapan a nuestro control, para convertirnos en participantes activos en el proceso de decidir e influir en nuestra manera de pensar y sentir.

¡Qué poder tan extraordinario para conferírselo a nuestros hijos! En cuanto entienden unos cuantos principios básicos de la visión de la mente –y los niños a menudo pueden captar la idea de la rueda de la conciencia a una edad muy temprana, incluso en los primeros años de la escuela primaria–, adquieren la capacidad de controlar más plenamente su propio cuerpo y su mente y de hecho pueden cambiar la manera en que viven distintas situaciones vitales. Su cerebro inferior y sus recuerdos implícitos los dominarán menos, y su visión de la mente los ayudará a llevar vidas plenas y sanas desde un cerebro integrado.

Pero ¿y si un niño se queda atascado en el aro y no parece capaz de volver al disco? Dicho de otro modo, ¿y si no puede reunir las distintas partes de sí mismo por lo obcecado que está en continuar en un estado de ánimo concreto? Como padres, sabemos que esos «atascos» se producen continuamente. Basta con recordar a Josh y su perfeccionismo. Aun conociendo la existencia de la rueda de la conciencia y las distintas partes de sí mismo, es posible que su necesidad de rendir al máximo siga dominándolo a veces. Lo mismo puede decirse de Jason y su miedo al ventilador del techo. Conocer la visión de la mente y la rueda de la conciencia puede ser muy poderoso, pero eso no significa que a los niños les sea fácil desplazar su atención hacia otro aspecto del aro y seguir adelante con su vida.

Así pues, ¿cómo podemos ayudar a nuestros hijos a integrar cada vez más las diferentes partes de sí mismos y a no quedarse atascados en los aspectos del aro que los limitan? ¿Cómo podemos ayudarlos a desarrollar la visión de la mente a fin de que puedan acceder cada vez más al poder que les otorga para controlar su propia vida? Hablemos de cómo se puede dar a conocer la visión de la mente a nuestros hijos y ayudarlos a desarrollar aptitudes utilizables en la vida cotidiana.

Lo que puedes hacer:
Dar a conocer a tu hijo el poder de la visión de la mente
Estrategia del cerebro pleno n° 8:
Deja pasar las nubes de las emociones: enseña que los sentimientos vienen y se van

Como hemos dicho repetidas veces en nuestro recorrido por este libro, es muy importante que los niños conozcan y entiendan sus sentimientos. Pero también es verdad que los sentimientos deben ser reconocidos por lo que son: circunstancias temporales, cambiantes. Son estados, no rasgos. Son como el tiempo meteorológico. La lluvia es real, y sería muy tonto por nuestra parte estar bajo un aguacero y comportarnos como si en realidad no llovie-se. Pero también sería muy tonto por nuestra parte creer que el sol nunca más volverá a salir.

Debemos ayudar a los niños a comprender que las nubes de sus emociones pueden pasar de largo (y pasarán de largo). No se sen-tirán tristes o enfadados o dolidos o solos eternamente. Este es un concepto que al principio les cuesta entender. Cuando sienten do-lor o miedo, a veces les resulta difícil imaginar que no van a seguir sufriendo *siempre*. Ver las cosas a largo plazo no suele ser fácil ni siquiera para un adulto, y mucho menos para un niño pequeño.

Así pues, tenemos que ayudarlos a comprender que los sen-timientos son pasajeros; por término medio, una emoción dura unos noventa segundos. Si conseguimos que nuestros hijos com-prendan lo fugaces que son la mayoría de los sentimientos, los ayudaremos a desarrollar la visión de la mente tal como hemos visto en la niña mencionada antes, la que se corrigió a sí misma diciendo: «No soy tonta; solo me *siento* tonta en estos momentos».

Obviamente los niños más pequeños necesitarán la ayuda de sus padres, pero sin duda son capaces de captar la idea de que los sentimientos vienen y se van. Cuanto mejor entiendan que los sen-timientos son pasajeros, menos se quedarán atascados en el aro de su rueda, y más podrán vivir y tomar decisiones desde su disco.

Estrategia del cerebro pleno n° 9:
    La criba: presta atención a lo que pasa dentro

Para que los niños desarrollen la visión de la mente y luego in-fluyan en los distintos pensamientos, deseos y emociones que se agitan dentro de ellos, primero necesitan ser conscientes de lo que experimentan en realidad. Eso significa que uno de nuestros

Estrategia nº 8
EN LUGAR DE RESTAR IMPORTANCIA Y NEGAR...

... INTENTA ENSEÑAR QUE LOS SENTIMIENTOS VIENEN Y SE VAN

cometidos más importantes como padres es ayudar a nuestros hijos a reconocer y entender los distintos aspectos del aro de su rueda de la conciencia individual.

No hace falta sentarse y celebrar una reunión formal para transmitir esta idea. Podemos encontrar maneras de trabajar este concepto en las interacciones cotidianas con nuestros hijos. Tina decidió recientemente emplear este recurso para cambiar el estado de ánimo de su hijo de siete años una mañana mientras lo llevaba en auto a la escuela. Él estaba disgustado porque se había aplazado su salida al estadio de los Dodgers y ella aprovechó para darle a conocer el «parabrisas de la conciencia»: «Fíjate en todas las manchas que hay en nuestro parabrisas. Estas manchas son como todas las cosas que estás pensando y sintiendo ahora mismo. ¡Son muchas! ¿Ves esta de aquí? Esta representa lo enfadado que estás con papá ahora mismo. ¿Y ese bicho amarillo aplastado? Es tu decepción porque esta noche no podrás ir al partido. Pero ¿ves esa salpicadura de allí? Representa que crees a papá cuando dice que te llevará el fin de semana que viene. Y esa de allí representa que sabes que de todos modos hoy te lo pasarás bien porque podrás comer y jugar al kickball en el recreo con Ryan…». Se puede emplear cualquier cosa que esté a nuestro alcance: un parabrisas, una rueda de bicicleta de verdad, un teclado de piano, lo que sea. Basta con ayudar a los niños a entender que existen muchas partes de sí mismos que pueden conocer e integrar entre sí.

Una de las mejores maneras de empezar a dirigir la atención de los niños hacia lo que hay en su aro es ayudándolos a aprender a cribar todas las sensaciones, imágenes, sentimientos y pensamientos que les afectan. Prestando atención a sus *sensaciones* físicas, por ejemplo, los niños pueden ser mucho más conscientes de lo que pasa dentro de su cuerpo. Pueden aprender a reconocer un nudo en el estómago como indicio de ansiedad, el deseo

Estrategia nº 9
EN LUGAR DE «RESTAR IMPORTANCIA Y NEGAR»...

... INTENTA USAR LA VISIÓN DE LA MENTE PARA CONTROLAR LAS IMÁGENES

de pegar como señal de ira o frustración, los hombros encorvados como una manifestación de tristeza, etcétera. Pueden identificar la tensión en el cuerpo cuando están nerviosos, y entonces aprender a relajar los hombros y a respirar hondo para tranquilizarse. El simple hecho de reconocer sensaciones como el hambre, el cansancio, la excitación y el malhumor puede permitir a los niños comprender lo que les pasa y en última instancia incidir en sus sentimientos.

Además de las sensaciones, debemos enseñar a los niños a cribar las *imágenes* que afectan su manera de ver el mundo e interactuar con él. Algunas imágenes pertenecen al pasado, como el recuerdo de un pariente en una camilla de hospital o de un momento bochornoso en la escuela. Otras pueden ser fruto de su imaginación o incluso pesadillas que han tenido. Una niña que teme que la dejen de lado y aislada en el recreo podría, por ejemplo, imaginarse sola en un columpio solitario. O bien un niño podría tener miedos nocturnos debido a imágenes que recuerda de un sueño terrorífico. Cuando un niño toma conciencia de las imágenes que están activas en su mente, puede usar su visión de la mente para controlar esas imágenes y reducir en gran medida el poder que ejercen sobre él.

A los niños también se les puede enseñar a cribar los *sentimientos* y emociones que experimentan. Si dedicamos un tiempo a preguntarles cómo se sienten y los ayudamos a ser precisos, pueden pasar de descriptores emocionales vagos como «bien» y «mal» a otros más específicos, como «decepcionado», «angustiado», «celoso» y «emocionado». Una razón por la que los niños a menudo no expresan la complejidad de una emoción concreta es que todavía no han aprendido a considerar sus sentimientos de una manera compleja que refleje la variedad y la riqueza que existen dentro de ellos. Por consiguiente, en sus respuestas no emplean

EMOCIONES

contento	enfadado	arrepentido	confundido	seguro	molesto
precavido	entusiasta	decepcionado	enajenado	deprimido	entusiasmado
desanimado	curioso	agresivo	envidioso	enfadado	agotado
temeroso	preocupado	tímido	decidido	asustado	disgustado
frustrado	culpable	sorprendido	aburrido	apático	feliz

todo el espectro de emociones, sino que trazan sus dibujos emocionales principalmente en blanco y negro. Lo ideal sería que nuestros hijos reconocieran la presencia en su interior de un vistoso arco iris de ricas emociones y prestaran atención a estas distintas posibilidades.

Sin una visión de la mente para ver lo que pasa en todo su cerebro, se verán atrapados en imágenes en blanco y negro, como viejas reposiciones que vemos una y otra vez en la televisión. Cuando tienen a su disposición toda una gama de emociones, pueden experimentar una imagen vívida en tecnicolor que proporciona una vida emocional profunda y vibrante. Esto lo podemos enseñar, una vez más, durante nuestras interacciones cotidianas con nuestros hijos, y se puede empezar cuando ni siquiera han aprendido aún a hablar: «Ya sé que te sientes decepcionado porque no puedes comer caramelos». Luego, conforme se hacen mayores, se les puede ir dando a conocer emociones cada vez más sutiles: «Lamento que hayan anulado tu excursión de esquí. Si eso me pasara a mí, sentiría toda clase de cosas: enfado, decepción, dolor, porque me han dejado plantada… ¿Qué más?».

Los *pensamientos* son distintos de las emociones, las sensaciones y las imágenes, en el sentido de que son la parte más representativa del cerebro izquierdo en el proceso de criba. Constituyen lo que pensamos, lo que nos decimos a nosotros mismos y la manera en que nos contamos la historia de nuestra propia vida por medio de palabras. Los niños pueden aprender a prestar atención a los pensamientos que les pasan por la cabeza y entender que no tienen que creérselos todos. Hasta pueden discutir las ideas que no son sanas o útiles, o incluso que no son ciertas. A través de estas conversaciones consigo mismos, pueden apartar la atención de los aspectos del aro que los limitan y dirigirla hacia los aspectos que conducen a la felicidad y el crecimiento. La visión de la mente les permite volver a su disco y prestar atención a sus pensamientos. Luego, desde ese lugar de la conciencia, pueden emplear la conversación consigo mismos para recordarse otros aspectos del aro, otros pensamientos y sentimientos que también forman una parte importante de ellos. Por ejemplo, una niña de once años puede mirarse en el espejo y decir: «Qué estupidez quemarme por el sol en el campamento. ¡Una verdadera estupidez!». Pero si sus padres le han enseñado a discutirse sus propios pensamientos negativos, puede dar un paso atrás y corregirse: «Vamos, tampoco es tan estúpido. Es normal olvidarse de las cosas de vez en cuando. Hoy casi todos los niños se han quemado».

Enseñando a nuestros hijos a cribar la actividad de su mente, podemos ayudarlos a reconocer los distintos aspectos del aro que actúan dentro de ellos, a ser más clarividentes y a controlar más su vida. Cabe señalar, asimismo, lo integrado que está todo el proceso en lo que se refiere a la manera en que el cerebro recibe los distintos estímulos. El sistema nervioso se extiende por todo el cuerpo y actúa como poderosas antenas que interpretan las distintas sensaciones físicas proporcionadas por nuestros cinco sentidos. A continuación recurrimos a las imágenes del hemisferio derecho del cerebro, combinándolas con los sentimientos procedentes del cerebro derecho y el sistema límbico. Finalmente lo juntamos todo con los pensamientos conscientes que se originan en el hemisferio izquierdo y las aptitudes analíticas de nuestro cerebro superior. La criba nos ayuda a entender la importante lección de que nuestras sensaciones corporales dan forma a nuestras emociones y nuestras emociones dan forma a nuestros pensamientos, así como a las imágenes en nuestra mente. Las influencias también pueden ser a la inversa: si tenemos pensamientos hostiles, podemos intensificar un sentimiento de ira que a su vez puede tensar los músculos de nuestro cuerpo. Todos los aspectos del aro –sensaciones, imágenes, sentimientos y pensamientos– pueden ejercer una influencia sobre los otros, y juntos pueden crear nuestro estado de ánimo.

La próxima vez que tengas unos minutos en el auto con tus hijos, juega a la criba, haciendo preguntas que contribuyan al proceso de criba. He aquí un ejemplo de cómo empezar:

Tú: Voy a decir algo sobre lo que están expresando las sensaciones de mi cuerpo. Tengo hambre. ¿Y tú qué? ¿Qué cuenta tu cuerpo?

Tu hijo: El cinturón de seguridad me rasca el cuello.

Tú: Ah, esa sí que es buena. Enseguida te lo arreglo. ¿Y qué me dices de las imágenes? ¿Qué imágenes pasan por tu cabeza? Estoy acordándome de esa escena graciosísima de la obra de teatro de tu escuela y de cuando tú llevabas ese sombrero tan divertido.

Tu HIJO: Yo estoy pensando en el tráiler que vimos de aquella película nueva. Ya sabes, la de los extraterrestres.

Tú: Sí, tenemos que ir a verla. Y ahora los sentimientos. Me hace mucha ilusión que mañana vengan los abuelos.

Tu HIJO: ¡A mí también!

Tú: Muy bien, y ahora… vamos a cribar los pensamientos. Acabo de pensar que necesitamos leche. Tendremos que parar a comprar antes de ir a casa. ¿Y tú qué?

Tu HIJO: He estado pensando que Claire debería hacer más tareas en casa que yo, porque es mayor.

Tú: (sonriendo) Me alegro de que se te dé tan bien proponer ideas. Tendremos que pensar un poco más en eso.

Aunque se digan tonterías, el juego de la criba es una buena manera de conseguir que tus hijos presten atención a su paisaje interno. Y recuerda que solo con hablar de la mente, ayudas a desarrollarla.

Estrategia del cerebro pleno n° 10:
  Ejercita la visión de la mente: el regreso al disco central

Antes hemos hablado del poder de la visión de la mente y de la atención centrada. Cuando los niños se obsesionan con una serie de aspectos en su rueda de la conciencia, tenemos que ayudarlos a desplazar su atención para que estén más integrados. Así podrán ver que no tienen que ser víctimas de las sensaciones, imágenes, sentimientos y pensamientos en su interior, y que pueden *decidir* lo que piensan y sienten con respecto a sus experiencias.

Esto no se da de manera natural en los niños, pero se les puede enseñar perfectamente cómo volver a fijar la atención en el disco. Podemos darles herramientas y estrategias para tranquilizarse e integrar sus distintos sentimientos y deseos. Una de las mejores maneras de conseguirlo es enseñarles ejercicios para la visión de la mente que los reconducen al disco. Cuando dirigimos a nuestros hijos para que vuelvan al disco central de su rueda, los ayudamos a estar más concentrados y centrados, lo que les permite ser más conscientes de la presencia de los numerosos aspectos del aro que afectan a sus emociones y su estado de ánimo.

A continuación explicaremos cómo una madre, Andrea, ayudó a su hija Nicole, de nueve años, a volver a su disco para afrontar la ansiedad que le producía un concierto que debía dar. La mañana del concierto, Andrea advirtió que Nicole estaba comprensiblemente nerviosa porque tenía que tocar el violín delante de sus amigos y sus padres. Sabía que era normal que su hija se sintiera así, pero también deseaba ayudarla a estar menos atascada en su aro. Así que le enseñó un ejercicio para la visión de la mente. Andrea pidió a Nicole que se tendiera en el sofá y ella se sentó a su lado en una silla. A continuación intentó ayudar a su hija a ser más consciente de lo que ocurría en su interior. En esencia, esto es lo que le dijo:

> Bien, Nicole, mientras estás ahí tumbada, mueve los ojos para desplazar la mirada por la habitación. Sin siquiera mover la cabeza, puedes ver la lámpara en la mesa. Ahora mira las fotos de cuando eras bebé. ¿Las ves? Y ahora mira la estantería. ¿Ves el gran libro de Harry Potter? Ahora vuelve a mirar la lámpara.

¿Ves que tienes la capacidad de fijar la atención en toda la habitación? Eso es lo que quiero enseñarte, pero vamos a fijar tu atención en lo que está pasando dentro de tu cabeza y tu cuerpo. Cierra los ojos, y vamos a centrarnos en tus pensamientos, tus sentimientos y tus sentidos. Empecemos por lo que oyes. Voy a estar callada unos segundos, y tú presta atención a los sonidos cercanos.

¿Qué oyes? ¿El auto que pasa? ¿El perro que ladra en la acera de enfrente? ¿Oyes el grifo que ha abierto tu hermano en el cuarto de baño? Eres consciente de esos ruidos porque estás quieta y tienes la atención puesta en oírlos. Has escuchado adrede.

Ahora quiero que te fijes en tu respiración. Primero presta atención al aire que entra y sale por tu nariz… Ahora siente tu pecho que sube y baja… ahora observa la manera en que se mueve tu barriga cada vez que inspiras y expulsas el aire…

Voy a quedarme callada otra vez unos segundos. Durante ese tiempo, sigue concentrada en tu respiración. Te vendrán otros pensamientos a la cabeza y probablemente incluso pensarás en el concierto. No pasa nada. Cuando veas que tus pensamientos empiezan a vagar y que estás pensando en otra cosa o que empiezas a preocuparte, vuelve a concentrarte en la respiración. Observa la secuencia de inspirar y expulsar el aire.

Después de un minuto poco más o menos, Andrea le dijo a Nicole que abriera los ojos y se sentara. Andrea le explicó que esa técnica era una manera muy eficaz de tranquilizar la mente y el cuerpo y le recomendó que se guardara ese ejercicio en el bolsillo para cuando lo necesitara; por ejemplo, justo antes del concierto. Si sentía que el corazón le latía con fuerza antes de tocar el violín, podía volver a pensar en su respiración, en cómo inspiraba y expulsaba el aire, incluso con los ojos abiertos.

Ya ves cómo un ejercicio de la visión de la mente tranquilizador como este puede ser una herramienta sencilla pero eficaz para ayudar a un niño a enfrentarse a miedos y otras emociones difíciles de sobrellevar. Los ejercicios de la visión de la mente conducen asimismo a la integración, porque, como ya sabes, en los puntos donde fijamos la atención, las neuronas se encienden y se vuelven activas, y luego se conectan con otras neuronas. En este caso, cuando Andrea ayudó a Nicole a concentrarse en su respiración, no solo abordó los sentimientos de ansiedad. También ayudó a su hija a volver al disco, para que detectara otras partes de sí misma e incluso sensaciones físicas que así podría cambiar intencionadamente. De ese modo, las neuronas relacionadas con la atención puesta de una manera consciente en la respiración se conectaron con las neuronas relacionadas con los sentimientos de calma y bienestar. Nicole pasó a un estado de ánimo totalmente distinto y pudo regresar a su disco.

Si bien este ejemplo presenta a una niña mayor, de edad escolar, los más pequeños también pueden beneficiarse de los ejercicios de la visión de la mente. Incluso a los cuatro o cinco años, los niños pueden aprender a concentrarse en su respiración. Una buena técnica es pedirles que se acuesten y colocar un juguete –como un barco– en su abdomen; a continuación se les indica que se concentren en el barco, que lo observen subir y bajar mientras se dejan llevar por las olas de la respiración.

Ahora bien, no estamos diciendo que para hacer los ejercicios de la visión de la mente el niño tenga que estar tumbado y entrar en un estado de meditación. Una de las mejores herramientas que podemos proporcionar a nuestros hijos para cuando sienten ansiedad o miedo, o incluso cuando tienen problemas para dormir, es enseñarles a visualizar un lugar donde se sientan tranquilos y en paz: flotando sobre una colchoneta en una piscina, sentados

Estrategia n° 10
EN LUGAR DE RESTAR IMPORTANCIA Y NEGAR...

... EJERCITA LA VISIÓN DE LA MENTE

a orillas de un río que recuerdan de una acampada, o balanceándose en un columpio en la casa de sus abuelos.

Los ejercicios de la visión de la mente favorecen la *supervivencia*, lo que puede ayudar a los niños a hacer frente a su ansiedad, sus frustraciones, y, en el caso de los niños mayores, incluso a una ira intensa. Pero estas estrategias también favorecen el *progreso*. Después de enseñar Andrea a Nicole el ejercicio para la visión de la mente antes de su concierto (en el que, ya relajada, tocó magníficamente), volvieron a hacer ejercicios parecidos en otras ocasiones, en las que Andrea conducía a Nicole por ciertas visualizaciones como la antes descrita. Conforme Nicole se hizo mayor y siguió ejercitándose, empezó a comprender mejor la idea del disco de su rueda, de modo que cada vez volvía a él más fácil y rápidamente. Aprendió a concentrarse de una manera más precisa y específica en las partes de sí misma que quería desarrollar y hacer crecer.

Debemos buscar las maneras de ayudar a nuestros hijos a estar tranquilos y en calma en determinados momentos y a encontrar una profunda paz dentro de su disco. Desde allí podrán capear mejor las tormentas que se forman dentro de ellos en un instante, y tendrán más posibilidades de progresar –emocional, psicológica y socialmente– a medida que crecen y se adentran en la edad adulta.

Los niños de cerebro pleno:
Enseña a tus hijos a integrar las numerosas partes de sí mismos

Ya hemos ofrecido varios ejemplos de cómo otros padres han dado a conocer a sus hijos la visión de la mente y el poder de la atención focalizada. He aquí algo que puedes leer con tu hijo para enseñarle el concepto.

LOS NIÑOS DE CEREBRO PLENO
Enseña a tus hijos a integrar las diversas partes de sí mismos

ELEGIR LO QUE PIENSAS

¿ALGUNA VEZ HAS SENTIDO QUE TE QUEDAS «ATASCADO» EN UN SENTIMIENTO O PENSAMIENTO? TAL VEZ TE QUEDES ATASCADO EN UNO DESAGRADABLE QUE ES TAN FUERTE QUE TE OLVIDAS DE LOS DEMÁS SENTIMIENTOS Y PENSAMIENTOS QUE TE HACEN FELIZ O TE ANIMAN.

LO BUENO ES QUE NO TIENES QUE QUEDARTE ATASCADO EN SENTIMIENTOS QUE TE RESULTAN DESAGRADABLES. PUEDES APRENDER A CONCENTRARTE EN OTRAS PARTES DE TI Y DESATASCARTE.

NASSIM NO PODÍA DEJAR DE PENSAR EN EL CONCURSO DE ORTOGRAFÍA. INCLUSO LE DOLÍA EL ESTÓMAGO. AL MEDIODÍA NO LE APETECIÓ COMER, Y TAMPOCO QUISO JUGAR EN EL RECREO. SOLO PODÍA PENSAR EN LA ORTOGRAFÍA. ESTABA NERVIOSO.

ENTONCES SU MAESTRA, LA SEÑORITA ANDERSON, LE DIO A CONOCER SU RUEDA DE LA CONCIENCIA. LE EXPLICÓ QUE NUESTRA MENTE ES COMO LA RUEDA DE UNA BICICLETA. EN EL CENTRO DE LA RUEDA, QUE SE LLAMA DISCO, HAY UN LUGAR SEGURO DONDE NUESTRA MENTE PUEDE RELAJARSE Y ELEGIR EN QUÉ VA A PENSAR.

POR EJEMPLO:

EN EL ARO DE LA RUEDA ESTÁN TODAS LAS COSAS QUE NASSIM PODÍA SENTIR Y EN LAS QUE PODÍA PENSAR: LO BIEN QUE SE LO PASABA JUGANDO AL BÉISBOL EN EL RECREO, LA SORPRESA QUE LE HABRÍA PUESTO SU MADRE EN LA LONCHERA PARA COMER Y, POR SUPUESTO, SU NERVIOSISMO POR EL CONCURSO DE ORTOGRAFÍA. LA MAESTRA LE EXPLICÓ QUE ÉL SOLO ESTABA CONCENTRÁNDOSE EN EL PUNTO DEL NERVIOSISMO EN SU ARO Y QUE NO PRESTABA ATENCIÓN A LOS DEMÁS PUNTOS.

LA SEÑORITA ANDERSON PIDIÓ A NASSIM QUE CERRARA LOS OJOS Y RESPIRARA HONDO TRES VECES. DIJO: «HAS ESTADO CENTRANDO TUS PREOCUPACIONES EN LA ORTOGRAFÍA. AHORA QUIERO QUE TE CONCENTRES EN LA PARTE DE LA RUEDA QUE SE LO PASA BIEN JUGANDO AL BÉISBOL Y EN LA PARTE QUE PUEDE IMAGINAR UNA COMIDA RICA». ÉL SONRIÓ Y SUS TRIPAS EMPEZARON A HACER RUIDO.

CUANDO NASSIM ABRIÓ LOS OJOS SE SINTIÓ MEJOR. HABÍA USADO SU RUEDA DE LA CONCIENCIA PARA CENTRARSE EN OTROS SENTIMIENTOS Y PENSAMIENTOS, Y YA NO SE SENTÍA IGUAL. SEGUÍA AÚN UN POCO NERVIOSO. PERO NO ESTABA ATASCADO EXCLUSIVAMENTE EN EL NERVIOSISMO.

APRENDIÓ QUE NO TIENE QUE PENSAR SOLO EN LOS SENTIMIENTOS DE NERVIOSISMO Y QUE PUEDE EMPLEAR LA MENTE PARA PENSAR EN OTRAS COSAS QUE PUEDAN AYUDARLO A DIVERTIRSE Y A NO ESTAR TAN PREOCUPADO. NASSIM COMIÓ Y SALIÓ CORRIENDO AL PATIO A JUGAR AL BÉISBOL.

Integrarnos: mirar nuestra propia rueda de la conciencia

Existen muchas maneras en que los padres pueden beneficiarse cuando conocen la visión de la mente y su propia rueda de la conciencia. Vamos a dedicar ahora un momento a ver, y experimentar, de qué estamos hablando.

Desde tu disco, criba tu propia mente. ¿Cuáles son los aspectos en el aro que reciben tu atención ahora mismo? ¿Tal vez alguno de estos?

- ¡Uy, qué cansancio! Ojalá pudiera dormir una hora más.
- También me irrita que la gorra de los Yankees de mi hijo esté ahí tirada en el suelo. En cuanto llegue a casa, tendré que perseguirlo por eso, y también por sus deberes.
- La cena con los Cooper de esta noche será divertida, pero no tengo muchas ganas de ir.
- ¡Uy, qué cansancio!
- ¡Ojalá hiciera más cosas para mí! Al menos estos días me estoy concediendo el placer de leer un libro.
- ¿Me he quejado ya del cansancio?

Todas estas sensaciones, imágenes, sentimientos y pensamientos son los aspectos en el aro de tu rueda de la conciencia, y juntos determinan tu estado de ánimo.

Ahora veamos qué pasa cuando diriges la atención intencionadamente hacia otros aspectos en el aro. Detente unos segundos, deja tu mente en blanco y pregúntate lo siguiente:

- ¿Qué ha dicho o hecho mi hijo últimamente que fuera adorable?
- A pesar de que a veces es espantosamente difícil, ¿de verdad me gusta ser padre o madre y lo valoro? ¿Cómo me sentiría si no hubiera conseguido ser padre o madre?
- ¿Cuál es la camiseta preferida de mi hijo en estos momentos? ¿Recuerdo su primer par de zapatos?

• ¿Puedo imaginar cómo será mi hijo a los dieciocho años, con las maletas hechas y listo para marcharse a la universidad?

¿Te sientes distinto? ¿Ha cambiado tu estado de ánimo?

Ha sido gracias a la visión de la mente. Desde tu disco has visto aspectos en el aro de tu propia rueda de la conciencia y has tomado conciencia de lo que experimentabas. Luego has desplazado el centro de atención, dirigiéndolo hacia otros aspectos del aro, y por consiguiente ha cambiado tu estado de ánimo por completo. *Ese es el poder de tu mente, y así es como puede transformar literal y fundamentalmente lo que sientes por tus hijos y tu manera de interactuar con ellos.* Sin la visión de la mente, puedes quedarte atascado en tu aro, sintiéndote sobre todo frustrado o enfadado o resentido. En ese momento habrás perdido la alegría que acompaña a la paternidad. Pero volviendo al disco central y desplazando tu centro de atención, puedes empezar a experimentar la alegría y la gratitud que suponen la paternidad: solo con prestar atención y *decidir* que vas a centrarte en nuevos puntos del aro.

La visión de la mente también puede ser muy práctica. Por ejemplo, piensa por un momento en la última vez que te enfadaste con uno de tus hijos. En la que te enfadaste de verdad, en la que estuviste a punto de perder el control. Recuerda qué hizo y la ira que se apoderó de ti. En momentos así, tu cólera arde ferozmente en el aro de tu rueda. De hecho, arde con tal intensidad que anula otros aspectos del aro que representan lo que sientes y sabes de tus hijos: tu comprensión de que tu niño de cuatro años está comportándose como un niño normal de cuatro años; tu recuerdo de los dos riéndose a carcajadas solo unos minutos antes, mientras jugaban a las cartas; tu promesa de que ibas a dejar de agarrar a tus hijos por los brazos cuando te enfadabas; tu deseo de ofrecer un modelo de las manifestaciones de ira más adecuadas.

Así es como nos dejamos llevar por el aro cuando no estamos integrados por mediación del disco. El cerebro inferior asume el control de toda acción integradora de la zona superior, y los demás aspectos del aro se ven eclipsados por el resplandor de ese único aspecto de tu ira que lo consume todo. ¿Te acuerdas de aquello de «perder los estribos»?

¿Qué debes hacer en un momento así? Sí, ya lo has adivinado: integrar. Usar la visión de la mente. Centrándote en la respiración, podrás como mínimo volver al disco de tu mente. Ese es el paso necesario que nos permite evitar que nos consuma un único punto de ira en el aro, o varios puntos. Una vez situados en el disco, es posible adquirir una perspectiva más amplia y ver que existen otros aspectos en el aro a tener en cuenta. Puedes ir a por agua, tomarte un descanso y hacer estiramientos, o concederte un momento para serenarte. Después, en cuanto hayas vuelto a fijar la atención en el disco, tendrás la posibilidad de elegir cómo vas a responder a tu hijo y, si es necesario, reparar la brecha que puede haberse abierto en su relación.

Esto no significa que debas pasar por alto la mala conducta. En absoluto. De hecho, uno de los aspectos del aro que integrarás con los demás es tu convicción en la necesidad de poner límites claros y sistemáticos. Existen muchas perspectivas que puedes adoptar, desde los deseos de que tu hijo se comporte de una manera distinta hasta sentimientos de preocupación por cómo has actuado tú en respuesta. Cuando juntes todos estos aspectos del aro —cuando hayas usado el disco para integrar tu mente en ese momento—, te sentirás predispuesto a seguir ejerciendo una paternidad sensible y en sintonía con tu hijo. Después, cuando todo tu cerebro trabaje conjuntamente, podrás conectar con tu hijo porque tú estás conectado dentro de ti mismo. Tendrás muchas más posibilidades de responder como quieres, con la visión de la mente y la totalidad de tu persona, en lugar de tener una reacción inmediata provocada por un punto de ira en el aro de tu rueda. Para practicar con tu propia rueda, visita la página drdansiegel.com.

Ron y Sandy estaban hartos. Su hijo de siete años, Colin, era un buen niño. No daba problemas en la escuela, sus amigos y sus padres lo apreciaban, y normalmente cumplía con sus obligaciones. Pero era, en palabras de su padre, un «egoísta empedernido». Siempre cogía el último trozo de pizza, incluso cuando no se había acabado aún el que tenía en el plato. Suplicó que le regalaran un cachorro, y luego no mostró el menor interés en jugar con él, y mucho menos en recoger sus cacas. Incluso cuando ya era mayor para seguir jugando con ciertos juguetes, se negaba a dejárselos a su hermano pequeño.

Ron y Sandy sabían que es normal que los niños manifiesten cierto grado de egocentrismo. Y no deseaban cambiar la personalidad de Colin: deseaban quererle tal como era. Pero a veces, cuando se mostraba incapaz de pensar en los demás, los sacaba de quicio. Cuando se trataba de aptitudes relacionales como la empatía, la bondad y la consideración, simplemente parecía que Colin no había desarrollado el correspondiente circuito.

El punto de inflexión se produjo un día en que Colin volvió a casa de la escuela y se metió en el dormitorio que compartía con su hermano de cinco años, Logan. Ron estaba en la cocina cuando oyó gritos procedentes de la habitación de los niños. Al ir a investigar, se encontró con Logan desconsolado, furioso con su hermano mayor y llorando ante una pila de dibujos y trofeos. Colin había decidido «volver a decorar» la habitación. Había descolgado todas las acuarelas y dibujos en rotulador de Logan colgados de la pared y los había sustituido por sus propios pósters y cromos de béisbol, que había pegado con celo en hileras a lo largo de la pared más amplia de la habitación. Además, había quitado dos trofeos de fútbol de Logan del estante y colocado en su lugar su colección de muñecos de cabeza oscilante. Había apilado todas las pertenencias de Logan en un rincón de la habitación, explicó, «para que no estorbaran».

Cuando Sandy llegó a casa, Ron y ella hablaron de su frustración con su hijo mayor. Creían sinceramente que Colin actuaba sin malicia. De hecho, casi podía decirse que ese era el problema: ni siquiera tuvo en cuenta los sentimientos de Logan lo suficiente como para albergar la intención de hacerle daño. Renovó la decoración de la habitación por la misma razón que siempre cogía la última ración de pizza: simplemente no pensaba en los demás.

Este es un problema que tienen muchos padres. Queremos que nuestros hijos sean afectuosos y considerados para que puedan gozar de relaciones plenas. A veces tememos que, como ahora no son tan buenos (o compasivos o agradecidos o generosos) como quisiéramos, nunca lo serán. Por supuesto, no podemos pretender que un niño de siete años se comporte como si fuese un adulto ilustrado. Lógicamente, queremos que nuestros hijos lleguen a ser hombres y mujeres fuertes, indulgentes, respetuosos y cariñosos, pero quizá eso sea esperar un poco demasiado de alguien que acaba de aprender a atarse los cordones de los zapatos.

No obstante, si bien es importante confiar en el proceso y saber que gran parte de lo que queremos para nuestros hijos ya llegará con el tiempo, lo que sí podemos hacer es prepararlos y dirigirlos para que sean niños, adolescentes y finalmente adultos plenamente capaces de formar parte de una relación y de tener en cuenta los sentimientos de los demás. Algunas personas simplemente poseen menos conexiones neurales en los circuitos responsables de la empatía y las relaciones. Del mismo modo que los niños con dificultades para leer necesitan practicar y desarrollar esas conexiones en su cerebro, los niños que tienen problemas para relacionarse con los demás necesitan que se les estimulen y cultiven esas conexiones. Y del mismo modo que una discapacidad en el aprendizaje puede suponer un desafío mental, también lo es una discapacidad para sentir el dolor ajeno. Es algo que tiene que ver con el desarrollo, no necesariamente un problema de personalidad. Incluso los niños que no parecen predispuestos a conectarse y a sentir compasión pueden *aprender* lo que significa relacionarse y asumir las consiguientes responsabilidades.

De eso trata este capítulo. Gran parte de la información que hemos dado en los capítulos anteriores se centra en cómo ayudar a tu hijo a desarrollar todo su cerebro para que tenga un sentido firme y resistente del «yo». Pero tú, al igual que Ron y Sandy, sabes que los niños necesitan la misma ayuda para entender qué significa formar parte de un «nosotros», para estar integrados con los demás. De hecho, en esta sociedad moderna en constante cambio, es posible que nuestros hijos necesiten aprender a pasar del «yo» al «nosotros» para que puedan adaptarse al mundo del futuro.

Ayudar a un niño a convertirse en un miembro activo de un «nosotros» sin perder el contacto con su «yo» individual no es tarea fácil para ningún progenitor. Pero la felicidad y la satisfacción se derivan de la conexión con los demás sin perder una identidad única. En eso consiste también la esencia de la visión de la mente, que, recordemos, tiene que ver con la observación de nuestra propia mente así como de la mente del otro. Tiene que ver con el desarrollo de relaciones satisfactorias manteniendo al mismo tiempo un sentido sano del yo.

En el capítulo anterior hemos hablado del primer aspecto de la visión de la mente: ver y entender nuestra propia mente. Hemos hablado de ayudar a los niños a ser conscientes de las distintas partes de sí mismos e integrarlas por medio de la rueda de la conciencia. El concepto clave en este aspecto de la visión de la mente es la *clarividencia* personal.

Ahora queremos dirigir nuestra atención hacia el segundo aspecto de la visión de la mente: el desarrollo de la capacidad de ver y conectar con la mente de los demás. Esta conexión depende de la *empatía*, de reconocer los sentimientos, deseos y perspectivas ajenos. El hijo de Ron y Sandy parecía carecer de la capacidad de empatía. Además de desarrollar e integrar todo su cerebro y las distintas partes de sí mismo, necesitaba mucha práctica en ver las cosas desde la perspectiva de los demás, en ver la mente de los demás. Necesitaba desarrollar el segundo aspecto de la visión de la mente.

Clarividencia + Empatía = Visión de la mente

Clarividencia y empatía. Si ayudamos a nuestros hijos a desarrollar estos atributos, les concederemos el don de la visión de la mente, ofreciéndoles la posibilidad de ser conscientes de sí mismos y de estar conectados con quienes los rodean. Pero ¿eso cómo lo hacemos? ¿Cómo ayudamos a nuestros hijos a conectar con la familia, los amigos y el mundo sin que dejen al mismo tiempo de cultivar y mantener su propio sentido del yo? ¿Cómo los ayudamos a aprender a compartir? ¿A llevarse bien con los hermanos? ¿A saber moverse dentro de la «política» del patio de la escuela? ¿A comunicarse y a tener en cuenta los sentimientos de los demás? Las respuestas a todas estas preguntas se encuentran en la conexión yo-nosotros, que entenderemos viendo antes cómo participa el cerebro en la creación de las relaciones.

EL CEREBRO SOCIAL: DISEÑADO PARA UN «NOSOTROS»

¿Qué es lo que imaginas cuando piensas en el cerebro? Tal vez recuerdes una imagen de la clase de biología de secundaria: aquel órgano extraño flotando en un tarro o un dibujo en un libro de texto. El problema con esta perspectiva del «cráneo único» –en la que vemos cada cerebro individual como un órgano aislado en un cráneo único– es que pasa por alto un hecho que los científicos han descubierto en las últimas décadas: el cerebro es un órgano social, creado para relacionarse. Está diseñado para recibir señales del entorno social, y estas a su vez influyen en el mundo interior de una persona. En otras palabras, lo que sucede *entre* cerebros tiene mucho que ver con lo que sucede *dentro* de cada cerebro individual. El yo y la comunidad están interrelacionados a un nivel fundamental, ya que cada cerebro se construye continuamente a través de sus interacciones con los demás. Es más, los estudios sobre la felicidad y la sabiduría demuestran que un factor básico del bienestar depende de la cantidad de atención y pasión dedicadas a hacer el bien a los demás en lugar de centrarse únicamente en las preocupaciones individuales y aisladas del yo particular. El «yo» descubre el significado y la felicidad uniéndose y perteneciendo a un «nosotros».

Dicho de otro modo, el cerebro está compuesto para la *integración interpersonal*. Al igual que muchas de sus distintas partes están hechas para trabajar conjuntamente, cada cerebro individual está hecho para relacionarse con el cerebro de cada persona con la que interactuamos. La integración interpersonal significa que respetamos y fomentamos nuestras diferencias al tiempo que cultivamos nuestras conexiones con los demás. Así pues, mientras queremos ayudar a nuestros hijos a integrar su cerebro derecho e izquierdo, su cerebro superior e inferior, sus recuerdos implícitos y explícitos, y demás, también debemos ayudarlos a entender hasta qué punto están conectados a su familia, sus amigos, sus compañeros de clase y demás personas de su comunidad. Al entender estas facetas básicas del cerebro relacional, podemos ayudar a nuestros hijos a desarrollar la visión de la mente que les permitirá disfrutar de relaciones más profundas y significativas.

LAS NEURONAS ESPEJO: LOS REFLECTORES DE LA MENTE

¿Alguna vez te ha entrado sed cuando has visto beber a alguien? ¿O has bostezado cuando bostezaba otra persona? Estas reacciones habituales pueden entenderse a la luz de uno de los descubrimientos recientes más fascinantes acerca del cerebro: las neuronas espejo. El descubrimiento se produjo de la siguiente manera.

A principios de la década de 1990, un grupo de neurocientíficos italianos empezó a estudiar el cerebro de un macaco. Le implantaron electrodos para supervisar neuronas individuales, y cuando el mono comía un cacahuete, se activaba un electrodo concreto. Eso no tenía nada de sorprendente: era lo que esperaban los científicos. Pero de pronto un tentempié de uno de los científicos cambió el curso de nuestra manera de ver la mente. Uno de los investigadores cogió un cacahuete y se lo comió delante del mono. En respuesta, la neurona motriz del mono se activó: ¡la misma que se había activado cuando él mismo había comido un cacahuete! Los investigadores descubrieron que el cerebro del mono estaba influido por la observación de las acciones de otro y le bastaba con dicha observación para activarse. Tanto si el mono presenciaba una acción como si la llevaba a cabo él, se activaba el mismo conjunto de neuronas.

Enseguida se inició una carrera entre los científicos para identificar esas «neuronas espejo» en los seres humanos. Y si bien hay muchas más preguntas que respuestas sobre lo que son exactamente y cómo actúan, estamos descubriendo de manera activa cada vez más cosas sobre el sistema de las neuronas espejo. Estas neuronas pueden constituir en el cerebro humano la raíz de la empatía, y por lo tanto contribuir a la visión de la mente.

El concepto clave es que las neuronas espejo responden solo a una acción intencionada, en la que puede percibirse cierta previsibilidad o propósito. Por ejemplo, si alguien agita la mano sin motivo alguno, nuestras neuronas espejo no responderán. Pero si esa persona inicia una acción cuyo resultado podemos predecir por experiencia, como beber de un vaso de agua, nuestras neuronas espejo «deducirán» la intención antes de que la persona lleve a cabo la acción. Así que cuando la persona levanta la mano que sostiene un vaso, podemos predecir a un nivel sináptico que pretende beber de él. No solo eso, sino que las neuronas espejo en nuestro propio cerebro superior nos prepararán también a nosotros para beber. Vemos una acción, entendemos el propósito de esa acción y nos preparamos para imitarla.

Al nivel más sencillo, esa es la razón por la que nos entra sed cuando otros beben, y por la que bostezamos cuando otros bostezan. Incluso podría ser la razón por la que un recién nacido, de solo unas pocas horas de vida, puede imitar a su padre o su madre cuando saca la lengua. Las neuronas espejo también pueden explicar por qué a veces a los hermanos pequeños se les dan mejor los deportes que a los mayores. Antes de siquiera entrar a formar parte de su propio equipo, sus neuronas espejo se han activado cada una de los centenares de veces que han visto a sus hermanos mayores chutar, batear y lanzar una pelota. A un nivel más complejo, las neuronas espejo nos ayudan a entender nuestra cultura y cómo nuestras conductas compartidas nos ligan unos a otros, hijos a padres, amigos a amigos y, finalmente, cónyuges a cónyuges.

Y ahora demos otro paso. Basándonos en lo que vemos (así como en lo que oímos, olemos, tocamos y saboreamos) en el mundo circundante, no solo podemos imitar las intenciones conductuales de los demás, sino también sus estados emocionales. En otras palabras, además de permitirnos imitar conductas ajenas, las neuronas espejo también nos llevan a hacernos eco de los sentimientos de los demás. No solo percibimos la acción que va a llevarse a cabo, sino también la emoción que subyace a esa conducta. Por eso, también podríamos llamar a esas células neurales especiales «neuronas esponja», en el sentido de que absorbemos como una esponja lo que vemos en la conducta, las intenciones y las emociones ajenas. Además de devolver una imagen especular a la otra persona, también absorbemos como una esponja sus estados internos.

Observemos qué pasa cuando estamos en una fiesta con amigos. Si nos acercamos a un grupo que está carcajeándose, probablemente sonreiremos o reiremos incluso antes de haber oído la broma. ¿O no te has fijado en que a menudo, cuando estás nervioso o estresado, tus hijos también lo están? Los científicos llaman a esto «contagio emocional». Los estados internos de los demás —desde la alegría y las ganas de jugar hasta la tristeza y el miedo— afectan directamente a nuestro estado de ánimo. Los demás son absorbidos en nuestro propio mundo interior.

Entenderás, pues, por qué los neurocientíficos dicen que el cerebro es un órgano social. Está construido a todas luces para la visión de la mente. Nos hallamos equipados biológicamente para relacionarnos, para entender de dónde vienen las demás personas y para influirnos unos a otros. Como hemos explicado a lo largo de todo el libro, de hecho el cerebro se va reconfigurando continuamente por medio de nuestras experiencias. Eso significa que cada conversación, discusión, broma o abrazo que compartimos con otro altera literalmente nuestro cerebro y el de la otra persona. Después de una conversación muy trascendente o de un rato en compañía de una persona importante en nuestra vida, tenemos un cerebro distinto. Como ninguno de nosotros actúa con una mente de un único cráneo, toda nuestra vida mental es el resultado de nuestro mundo neural interior y las señales exteriores que recibimos de los demás. Cada uno de nosotros debe unir nuestro «yo» individual a otros para convertirse en parte de un «nosotros».

ECHAR LOS CIMIENTOS PARA LA CONEXIÓN: CREAR MODELOS MENTALES POSITIVOS

¿Qué significa todo esto para nuestros hijos? Los tipos de relación que experimenten ahora determinarán la manera en que se relacionen con los demás durante el resto de su vida. Dicho de otro modo, su capacidad para utilizar la visión de la mente a la hora de participar en un «nosotros» y unirse a los demás en el futuro depende de la calidad de sus relaciones afectivas con las personas que cuidan de ellos, incluidos padres y abuelos, pero también niñeras, maestros, compañeros y otras personas influyentes en sus vidas.

Cuando los niños pasan mucho tiempo con las personas más destacadas en su vida, adquieren importantes aptitudes relacionales, como comunicarse y escuchar con atención, interpretar las expresiones faciales, comprender la comunicación no verbal, compartir y sacrificarse. Pero en las relaciones, los niños también desarrollan modelos de cómo pueden ellos mismos encajar en el mundo que los rodea y de cómo funcionan las relaciones. Comprueban si es posible confiar en que los demás atiendan y respondan a sus necesidades, y si se sienten lo bastante conectados y protegidos para aventurarse a salir y correr riesgos. En pocas palabras, comprueban si las relaciones los harán sentirse solos e invisibles, o angustiados y confusos, o bien presentes, comprendidos y bien atendidos.

Pensemos en un recién nacido. Cuando nace un bebé, ya está listo para conectarse, listo para relacionar lo que ve en los demás con lo que hace él y siente en su interior. Pero ¿qué pasa si los demás sintonizan con sus necesidades solo en raras ocasiones? ¿Qué pasa si en general sus padres no están a su disposición y lo rechazan? Al principio la mente del niño se verá invadida por la confusión y la frustración. Sin los momentos íntimos en los que se produce una conexión sistemática con sus cuidadores, puede acabar siendo una persona sin visión de la mente, sin comprender la importancia de unirse a otros. Aprendemos muy temprano en la vida a usar nuestra conexión con las personas de confianza para aliviar nuestra angustia interior. Eso constituye la base de una relación afectiva segura. Pero si no recibimos una crianza así, nuestro cerebro tendrá que adaptarse y arreglárselas como pueda. Un niño puede aprender a «ir a la suya» en un intento de consolarse de la mejor manera posible. El circuito emocional y relacional del cerebro de ese niño, que necesita una proximidad y una conexión que no se le ofrece, puede desconectarse por completo como una manera de adaptarse. El cerebro social frena su impulso innato hacia la conexión solo para sobrevivir. Por el contrario, si los padres muestran al niño amor y sintonizan con él de una manera sistemática y predecible, este desarrollará una visión de la mente y estará a la altura del potencial relacional para el cual su cerebro está equipado.

Los padres no son los únicos que crean las estrategias de adaptación –o los modelos mentales– para la idea que los niños se forman de las relaciones. Pensemos en lo que aprenden nuestros hijos de sus relaciones con distintos cuidadores, como el entrenador que hace hincapié en la importancia de trabajar en colaboración y hacer sacrificios por los compañeros de equipo. O la tía que es excesivamente crítica y enseña que una parte central de una relación incluye la desaprobación y la búsqueda de defectos. O el compañero de clase que ve todas las relaciones desde el prisma de la competencia, considerando a todo el mundo un rival o un adversario. O la maestra que insiste en la bondad y el respeto mutuo y ofrece un modelo de compasión en su interacción con los niños de su clase.

Todas estas experiencias relacionales distintas equipan el cerebro de un niño para formarse una impresión de cómo es el «nosotros». Recordemos que el cerebro emplea las experiencias o las asociaciones repetidas para predecir qué debe esperar. Cuando las relaciones son frías y las personas son esencialmente distantes, críticas o competitivas, determinarán lo que el niño espere de las relaciones. En cambio, si el niño goza de relaciones llenas de calidez y afecto y le ofrecen conexión y protección, ese será su modelo para las relaciones futuras: con los amigos, con otros miembros de distintas comunidades y finalmente con sus parejas y sus propios hijos.

Realmente no es una exageración afirmar que la clase de relaciones que proporcionemos a nuestros hijos tendrá un efecto en las generaciones venideras. Podemos ejercer un impacto en el futuro del mundo ocupándonos debidamente de nuestros hijos y ofreciéndoles de manera intencionada los tipos de relación que valoramos y queremos que consideren normales.

PREPARAR PARA EL «NOSOTROS»: OFRECER EXPERIENCIAS QUE CONDUCEN A LA CONEXIÓN

Además de ofrecer un modelo de buenas relaciones a nuestros hijos, tenemos que prepararlos para unirse a otros, para que sean capaces de formar parte de un «nosotros». Al fin y al cabo, el hecho de que la mente esté equipada y diseñada para conectar con los demás no implica que un niño nazca con aptitudes para relacionarse. Nacer con músculos no nos convierte en deportistas: para ello hay que aprender y practicar determinadas habilidades. Igualmente, los niños no salen del vientre materno deseando compartir sus juguetes. Y sus primeras palabras tampoco son: «Sacrificaré lo que quiero para que lleguemos a un acuerdo que nos beneficie a los dos». Al contrario, los términos que predominan en el vocabulario de los niños de edad preescolar –«es mío», «yo» e incluso «no»– ponen de relieve su falta de comprensión de lo que significa formar parte de un «nosotros». Así pues, tienen que aprender las aptitudes de la visión de la mente, como compartir, perdonar, sacrificar y escuchar.

Colin, el hijo de Ron y Sandy, que parece tan egocéntrico, en términos generales es un niño muy normal. Simplemente no ha aprendido a dominar muchas de las aptitudes de la visión de la mente necesarias para contribuir como miembro participativo de una familia. Sus padres esperaban que a los siete años estuviera ya más integrado en la familia y dispuesto a formar parte de un «nosotros». Si bien su inteligencia relacional está mejorando cada vez más, necesita practicar para seguir avanzando en esa dirección.

Lo mismo puede decirse de un niño tímido. Lisa, una madre conocida nuestra, tiene fotos de uno de sus hijos en la fiesta del cuarto cumpleaños de un amigo. En una de ellas se ve a todos los niños juntos formando un estrecho círculo en torno a una joven vestida como Dora la Exploradora. Es decir, a todos menos al hijo de Lisa, Ian, que insistió en colocarse a dos metros del círculo de niños no tan tímidos. Lo mismo ocurría en su clase de música para niños en edad preescolar. Mientras los demás cantaban y bailaban y gesticulaban con las manos, Ian se sentaba en el regazo de su madre y se negaba a hacer nada excepto observar tímidamente.

En esos primeros años, Lisa y su marido tuvieron que encontrar el punto justo entre animar al niño a establecer relaciones nuevas y no presionarlo demasiado. Pero dando a su hijo repetidas oportunidades para interactuar con otros niños y para buscar maneras de hacer amigos nuevos, sin dejar de apoyarlo y tranquilizarlo cuando se ponía nervioso o se asustaba, ayudaron al pequeño introvertido a desarrollar las aptitudes sociales que necesitaba. Y si bien en la actualidad Ian sigue sin lanzarse de cabeza a situaciones sociales nuevas, se siente a gusto consigo mismo y a veces incluso se muestra sociable. Mira a la gente a los ojos cuando habla con ella, levanta la mano en clase e incluso a menudo, en la caseta del campo de béisbol, encabeza una versión (muy entusiasta) del himno de los hinchas *Take Me Out to the Ball Game*.

Según los investigadores que estudian la personalidad humana, la timidez es en gran medida genética. De hecho forma parte de la composición básica de una persona cuando nace. Sin embargo, como en el caso de Ian, eso no implica que el grado de timidez no pueda alterarse de una manera significativa. Es más, la manera en que los padres manejan la timidez de un niño tiene un fuerte impacto en cómo el niño se enfrenta a ese aspecto de su personalidad, y también en el nivel de timidez que tendrá más adelante.

La cuestión es que la intervención de los padres cuenta, y cuenta incluso hasta el punto de influir en el carácter innato y formado genéticamente. Podemos preparar a nuestros hijos a unirse a otras personas y a experimentar relaciones plenas animándolos y dándoles oportunidades que los ayuden a desarrollar las aptitudes para la visión de la mente. Enseguida comentaremos maneras concretas de hacerlo. Pero antes explicaremos lo que queremos decir cuando hablamos de ayudar a los niños a ser receptivos a las relaciones con los demás.

CULTIVAR EL ESTADO DE ÁNIMO DEL «SÍ»: AYUDAR A LOS NIÑOS A SER RECEPTIVOS A LAS RELACIONES

Si queremos preparar a los niños para participar como individuos sanos en una relación, debemos crear dentro de ellos un estado *abierto, receptivo,* en lugar de un estado *cerrado, reactivo.* A modo de ejemplo, este es un ejercicio que Dan practica con muchas familias. Primero les dice que va a repetir una palabra varias veces, y les pide que se fijen simplemente en cómo la perciben en el cuerpo. La primera palabra es «no», pronunciada con firmeza y cierta aspereza siete veces, dejando pasar un par de segundos entre cada «no». Después, tras otra pausa, pronuncia siete veces «sí» con claridad pero en un tono más suave. Cuando acaba, los pacientes suelen decir que el «no» les resultaba un tanto asfixiante e irritante, como si los excluyeran o riñeran. En cambio, el «sí» les daba una sensación de tranquilidad, de paz, incluso de ligereza. (Puedes cerrar los ojos e intentar realizar el ejercicio por tu cuenta. Fíjate en lo que ocurre en tu cuerpo cuando tú o un amigo dicen «no» y luego «sí» varias veces.)

Estas dos respuestas distintas –las sensaciones del «no» y las sensaciones del «sí»– muestran a qué nos referimos al hablar de reactividad frente a receptividad. Cuando el sistema nervioso está *reactivo,* en realidad se encuentra en un estado de respuesta de lucha-huida-inmovilidad, en el cual es casi imposible conectar de una manera abierta y afectuosa con otra persona. ¿Te acuerdas de la amígdala y las demás partes del cerebro inferior que reaccionan de inmediato, sin pensar, cuando nos sentimos amenazados? Cuando estamos totalmente centrados en la autodefensa, hagamos lo que hagamos, nos encontramos en un estado de ánimo reactivo, en un estado del «no». Estamos alertas, incapaces de unirnos a otra persona, sin escucharla con atención, sin concederle el beneficio de la duda, sin tener en cuenta sus sentimientos y demás.

Incluso los comentarios neutros pueden convertirse en motivo de pelea, distorsionando lo que oímos para que coincida con lo que tememos. Así es como iniciamos un estado reactivo y nos preparamos para luchar, huir o incluso para permanecer inmóviles.

Por otro lado, cuando estamos receptivos, se activa otra serie de circuitos en el cerebro. La parte del ejercicio del «sí», para la mayoría de la gente, produce una experiencia positiva. Se le relajan los músculos de la cara y las cuerdas vocales, se normalizan la tensión arterial y el ritmo cardiaco, y están más abiertos a experimentar cualquier cosa que otra persona quiera expresar. En pocas palabras, se vuelven más receptivos. La reactividad surge de nuestro cerebro inferior y nos produce una sensación de exclusión, nos disgusta y nos pone a la defensiva; por el contrario, un estado receptivo activa el sistema de compromiso social en el que interviene otra serie de circuitos del cerebro superior, circuitos que nos conectan con los demás, permitiéndonos sentirnos seguros y visibles.

Cuando interactuamos con nuestros hijos, puede ser de gran ayuda saber distinguir si están en un estado de ánimo reactivo o receptivo. Para eso, claro, debemos recurrir a la visión de la mente. Tenemos que plantearnos dónde están nuestros hijos emocionalmente (y dónde estamos nosotros también) en un momento dado. Si tu hija de cuatro años está gritando «¡Quiero seguir columpiándome!» mientras te la llevas del parque cogida del brazo, puede que ese no sea el momento ideal para explicarle cuáles son las mejores maneras de lidiar con las emociones intensas. Espera a que se le pase ese estado reactivo; después, cuando esté más receptiva, háblale de cómo te gustaría que respondiera la próxima vez que se lleve un disgusto. Igualmente, cuando tu hijo de once años se entera de que no lo han aceptado en el curso de arte que le hacía tanta ilusión, puedes abstenerte de darle esperanza y proponerle alternativas con palabras grandilocuentes. El estado de reactividad del cerebro inferior no sabe qué hacer con muchas de las palabras del cerebro superior. A menudo, en los momentos de reactividad, las expresiones no verbales (como los abrazos y las expresiones faciales empáticas) son mucho más poderosas.

Con el paso del tiempo, nos conviene ayudar a nuestros hijos a ser más receptivos a las relaciones y a desarrollar las aptitudes para la visión de la mente que les permitirán unirse a los demás. La receptividad podrá conducir así a la resonancia –una manera de unirse de dentro hacia fuera–, lo que les permitirá gozar de la profundidad y la intimidad que acompañan a las relaciones trascendentes. De lo contrario, el niño permanece a la deriva, motivado por una sensación de aislamiento más que por el deseo y la capacidad de unirse.

Una última advertencia antes de abordar los pasos que debemos dar para fomentar la receptividad y las aptitudes relacionales: mientras ayudamos a los niños a ser más receptivos a la unión con los demás, debemos tener en cuenta la importancia de mantener al mismo tiempo su identidad individual. Para una niña de diez años que hace todo lo que está a su alcance para encajar en una pandilla de niñas malas de la escuela, es posible que el problema no sea su falta de receptividad para unirse a un «nosotros». Puede que, en su caso, lo preocupante sea todo lo contrario: ha perdido de vista su «yo» y, por lo tanto, sigue el juego a todo lo que ese grupo de bravuconas le ordena que haga. Toda relación sana –ya sea con la familia, amigos, la pareja, etcétera– está constituida por individuos sanos conectados entre sí. Para formar parte de un «nosotros» que funcione debidamente, una persona también debe seguir siendo un «yo» individual. Del mismo modo que no queremos que nuestros hijos empleen solo el cerebro derecho o solo el cerebro izquierdo, tampoco queremos que sean solo individualistas, y por lo tanto egoístas y aislados, o solo relacionales, y por lo tanto necesitados, dependientes y vulnerables a las relaciones malsanas y dañinas. Queremos que utilicen todo el cerebro y que gocen de relaciones integradas.

Lo que puedes hacer:

Ayudar a tu hijo a integrar el yo y el otro

Estrategia del cerebro pleno n° 11:

Aumenta el factor diversión en la familia: procura disfrutar con la compañía del otro

¿Alguna vez sientes que te pasas la mayor parte del tiempo imponiendo disciplina a tus hijos o llevándolos en auto de una actividad a otra, sin tiempo para simplemente disfrutar con ellos? Si es así, no eres el único; la mayoría de nosotros nos sentimos de ese modo de vez en cuando. A veces es fácil olvidarnos de pasárnoslo bien en familia sin más. Y sin embargo estamos equipados para el juego y la exploración tanto como para unirnos a los demás. De hecho, la «paternidad lúdica» es una de las mejores maneras de preparar a nuestros hijos para las relaciones y de animarlos a conectar con los demás. Eso es porque estar con las personas con las que pasan la mayor parte del tiempo –estar con sus padres– les proporciona experiencias positivas.

Por supuesto, los niños necesitan una estructura, límites y asumir la responsabilidad de su conducta, pero ni siquiera cuando imponemos nuestra autoridad debemos dejar de divertirnos con nuestros hijos. Podemos jugar. Contar chistes. Hacer el tonto. Interesarnos por todo aquello que les preocupa. Cuanto más disfruten del tiempo que pasen con nosotros y con el resto de la familia, más valorarán las relaciones y más desearán experiencias relacionales positivas y sanas en el futuro.

La razón es sencilla. Cada vez que ofrecemos a nuestros hijos una experiencia divertida y placentera mientras están con la familia, les damos un refuerzo positivo sobre lo que significa participar en una relación afectuosa con los demás. Una de las causas tiene que ver con una sustancia química presente en el cerebro llamada dopamina. La dopamina es un neurotransmisor, lo que significa que permite la comunicación entre las neuronas. Las neuronas reciben lo que algunos llaman «chorritos de dopamina» cuando nos sucede algo placentero, y eso nos induce a querer que esa experiencia se repita. Los científicos que estudian la adicción ven en estos incrementos de dopamina uno de los factores que impulsan a la gente a mantener cierto hábito o adicción, incluso cuando sabe que le hace daño. Pero también podemos ayudar a producir chorritos de dopamina que refuerzan deseos positivos y sanos, como el de gozar de las relaciones familiares. La dopamina es la sustancia química de la recompensa, y el juego y la diversión constituyen recompensas en nuestras vidas.

Esto significa que cuando tu hijo chilla de placer al ver que te «mueres» espectacularmente tras recibir una estocada suya con la espada de Peter Pan, cuando tu hija y tú bailan en un concierto o en el salón, cuando ayudas a tus hijos en un trabajo de construcción o jardinería para la escuela, la experiencia refuerza los vínculos entre ustedes y enseña a tus hijos que las relaciones son reafirmantes, gratificantes y satisfactorias. Así que pruébalo, tal vez incluso puedas hacerlo esta misma noche. Después de cenar, di: «Ahora lleven sus platos a la cocina, luego busquen una manta y vengan al salón. ¡Esta noche comeremos paletas en un fuerte!».

Otra actividad familiar divertida que también fomenta la receptividad es los juegos de improvisación. El concepto básico es parecido a lo que hacen los cómicos improvisadores cuando el público les lanza propuestas y ellos deben coger las ideas soltadas al azar y combinarlas de maneras divertidas que tengan sentido. Si a tus hijos y a ti se les da bien el teatro, pueden hacer esta clase de improvisación juntos. Pero también hay versiones más sencillas de esta actividad. Uno de ustedes empieza una historia, y el siguiente tiene que añadir una segunda frase a la primera, y luego un tercero añade una más, y así sucesivamente. Esta clase de juegos y actividades no solo mantiene el elemento de diversión con la familia en un nivel alto, sino que también permite a los niños ejercitar la receptividad a los giros inesperados de la vida con los que podrán encontrarse. No te conviene convertir el juego en una experiencia seria, propia de la escuela, pero busca maneras de conectar explícitamente lo que haces con el concepto de receptividad. La espontaneidad y la creatividad son aptitudes importantes, y la novedad también activa la dopamina.

El principio del factor diversión también es aplicable a las experiencias que ofrecemos a nuestros hijos con los hermanos. Estudios recientes han descubierto que la mejor manera de predecir si unos hermanos tendrán una buena relación más adelante en la vida es analizando su grado de diversión en la infancia. El nivel de conflicto incluso puede ser alto, siempre y cuando haya mucha diversión para compensarlo. El verdadero peligro se da cuando los hermanos simplemente no se hacen caso el uno al otro. Puede que haya menos tensión con la que lidiar, pero también es una fórmula para una relación fría y distante en la edad adulta.

Así pues, si queremos desarrollar una relación íntima a largo plazo entre nuestros hijos, debemos verla como una ecuación matemática, donde la cantidad de placer que comparten debe ser mayor que el conflicto que experimentan. El lado del conflicto de la ecuación nunca será cero. Los hermanos discuten; eso es inevitable. Pero si podemos aumentar el otro lado de la ecuación, animándolos a llevar a cabo actividades que produzcan emociones y recuerdos positivos, crearemos vínculos fuertes entre ellos

Estrategia n° 11

EN LUGAR DE ORDENAR Y EXIGIR...

... PRUEBA LA PATERNIDAD LÚDICA

y estableceremos una relación con muchas probabilidades de ser sólida durante toda la vida.

La diversión entre hermanos a veces se da de manera natural, pero nosotros también podemos contribuir a ella. Podemos sacar una caja de tizas para dibujar en la acera y pedirles que creen un monstruo loco. O prestarles la videocámara para que filmen una película. O proponerles que preparen en secreto un regalo sorpresa para los abuelos. Hagamos lo que hagamos –excursiones en bicicleta con toda la familia, juegos de mesa, galletas, confabularse contra mamá con las pistolas de agua, lo que sea–, hemos de buscar maneras de ayudar a nuestros hijos a divertirse juntos y reforzar los vínculos que los conectan.

También podemos usar la diversión, e incluso las tonterías, para cambiar el estado de ánimo de nuestros hijos cuando se atascan en la ira o en una actitud desafiante. A veces no están de humor para verte hacer tonterías o mantener una actitud lúdica, así que debemos ser sensibles a las señales que recibimos, sobre todo con los niños mayores. Pero si somos sensibles a cómo percibirán nuestra actitud lúdica, esta puede ser una manera muy poderosa y fácil para ayudar a los niños a alterar su estado de ánimo.

Nuestro estado de ánimo puede influir en el estado de ánimo de nuestro hijo, permitiéndonos convertir el nerviosismo y la irritabilidad en diversión, risas y conexión.

Estrategia del cerebro pleno n° 12:

   Conecta a través del conflicto: enseña a los niños a discutir pensando en un «nosotros»

Ojalá pudiéramos ayudar a nuestros hijos a evitar todo conflicto, pero no podemos. Si entablan relaciones, es inevitable que se enfrenten a discusiones y desavenencias. Sin embargo, sí podemos enseñarles aptitudes básicas para la visión de la mente a fin de que sepan abordar los conflictos de manera sana y productiva y reaccionar cuando las cosas no van del todo bien en sus interacciones con los demás.

También aquí cada nueva desavenencia es algo más que un simple obstáculo para sobrevivir. Representa una nueva oportunidad para que enseñemos a nuestros hijos lecciones importantes que les permitan progresar, en este caso en sus relaciones con los demás. Abordar bien los conflictos no es fácil, ni siquiera lo es para los adultos, así que no podemos esperar demasiado de nuestros hijos. Pero podemos enseñarles unas cuantas aptitudes sencillas que nos ayudarán a todos a sobrevivir a los conflictos individuales, además de ayudar a nuestros hijos a progresar mientras avanzan hacia la edad adulta. Veamos tres de estas aptitudes que contribuyen a la visión de la mente.

Mira a través de los ojos de otra persona: ayuda a los niños a reconocer otros puntos de vista

¿Te suena esta situación? Estás trabajando ante tu escritorio y se acerca tu hija de siete años. Está claramente enfadada. Te comunica que su hermano, Mark, acaba de llamarla estúpida. Preguntas por qué ha dicho semejante cosa, y tu hija insiste en que no hay ninguna razón: ¡simplemente lo ha dicho!

A todos nosotros puede costarnos ver las cosas desde el punto de vista del otro. Vemos lo que vemos, y a menudo solo lo que queremos ver. Pero cuanto más capaces seamos de usar la visión de la mente para ver las cosas a través de los ojos del otro, más posibilidades tendremos de resolver los conflictos de una manera sana.

Es una aptitud difícil de enseñar a los niños, sobre todo en medio de una acalorada discusión. Pero si podemos ser conscientes de

Estrategia n° 12
EN LUGAR DE RESTAR IMPORTANCIA Y NEGAR...

... INTENTA LA CONEXIÓN A TRAVÉS DEL CONFLICTO

lo que estamos diciendo en realidad, tenemos más probabilidades de enseñar las lecciones que deseamos impartir. Por ejemplo, podríamos sentir la tentación de decir: «De acuerdo, ¿y tú qué le has hecho a Mark? ¡Seguro que no te ha llamado estúpida porque sí!».

Pero si eres capaz de conservar la calma y eres consciente de lo que quieres enseñar, puedes abordar la conversación de una manera distinta. Primero te conviene mostrar que te das cuenta de lo que siente tu hija. (Recuerda: conecta primero, redirige después.) De este modo, ella no estará tan a la defensiva y se mostrará más dispuesta a ver cómo se siente su hermano. A continuación, puedes fijarte el objetivo de crear empatía en tu hija.

Ciertamente, no siempre conseguiremos acceder a nuestros hijos. Pero al hacer preguntas sobre lo que siente otra persona, sobre por qué alguien reaccionó como lo hizo, podemos fomentar la empatía en nuestros hijos. El acto de tener en cuenta la mente de otro nos obliga a usar nuestro hemisferio derecho y nuestro cerebro superior, los cuales forman parte de los circuitos sociales que nos permiten gozar de relaciones maduras y satisfactorias.

Escucha lo que no se dice: enseña a los niños la comunicación no verbal y a sintonizar con los demás

Está muy bien enseñar a nuestros hijos a prestar atención a lo que dicen los demás: «Escucha sus palabras. ¡Ha dicho que no quería que lo salpicaran con la manguera!». Pero una parte importante de las relaciones consiste en escuchar lo que no se dice. En general a los niños eso no se les da bien de una manera natural. Por eso cuando riñes a tu hijo por hacer llorar a su hermanita mojando las galletas en el yogur de ella, él responde: «¡Pero si a ella le gusta! Esto es un juego».

Las señales no verbales a veces comunican incluso más cosas que las palabras, así que debemos ayudar a nuestros hijos a usar su hemisferio derecho para aprender a entender lo que dicen los demás, aun cuando no abran la boca en ningún momento. Con el sistema de las neuronas espejo ya activo, lo único que necesitan los niños es que los ayudemos a hacer explícito lo que comunican sus neuronas espejo. Por ejemplo, después de ganar un importante partido de fútbol, tal vez tu hijo necesite que lo ayudes a fijarse en que a su amigo del equipo contrario le iría bien que lo animasen un poco, aunque diga que no está disgustado. Como prueba, puedes señalar el lenguaje corporal y las expresiones faciales del niño: los hombros caídos, la cabeza gacha, la expresión apesadumbrada. Al ayudar a tu hijo en estas sencillas observaciones, aumentarás su visión de la mente y él estará mejor equipado durante el resto de su vida para interpretar a los demás y sintonizar con sus sentimientos.

La reparación: enseña a los niños a enderezar las cosas después de un conflicto

Conocemos la importancia de disculparse, y enseñamos a nuestros hijos a pedir perdón. Pero los niños también deben comprender que en ocasiones eso no es más que el principio. A veces deben dar ciertos pasos para reparar lo que han hecho mal.

La situación puede requerir una respuesta específica y directa: reparar o sustituir un juguete roto, o ayudar a reconstruir algún trabajo para la escuela. O tal vez se necesite una respuesta más relacional, como hacer un dibujo para la otra persona, llevar a cabo un acto de bondad, o escribir una carta de disculpa. Aquí de lo que se trata es de ayudar a nuestros hijos a llevar a cabo actos de amor y arrepentimiento que demuestren que han tenido en cuenta los sentimientos de otro y quieren encontrar la manera de reparar la ruptura en la relación.

Esto tiene que ver directamente con las dos estrategias del cerebro pleno relativas a la empatía y la sintonía con los sentimientos de los demás antes mencionadas. Para querer reparar las cosas sinceramente, un niño debe entender cómo se sienten los demás y por qué la otra persona está disgustada. Así, el padre o la madre puede plantear la pregunta de una manera más provechosa: «Si te pasara a ti y se te rompiera tu objeto preferido, ¿qué te ayudaría a sentirte mejor?». Cada nuevo paso hacia la consideración de los sentimientos del otro crea conexiones más fuertes en los circuitos relacionales del cerebro. Una vez traspasadas las defensas de nuestros hijos y vencida su renuencia a aceptar la responsabilidad, podemos enseñarles a ser considerados con las personas a quienes han hecho daño y a esforzarse en el camino de la reconexión. Así los ayudamos a desarrollar la visión de la mente. A veces basta con una disculpa sentida, sobre todo cuando es sincera y franca: «Lo he hecho porque sentía celos, y lo siento». Pero los niños también necesitan aprender qué significa ir un poco más allá y dar pasos específicos hacia la reconciliación.

Volvamos a Colin, el niño de siete años cuyos padres creían que era demasiado egoísta. Ojalá pudiéramos ofrecer a Ron y Sandy algún tipo de solución mágica, una panacea para el egocentrismo de su hijo y otras frustraciones que encuentran en su desarrollo. Pero obviamente no podemos. No obstante, lo bueno es que solo con querer a Colin y ayudarlo a ver los beneficios de las relaciones −empezando por sus interacciones con sus padres y su hermano−, Ron y Sandy ya están ayudándolo a entender la importancia de tener en cuenta a los demás y de conectar con ellos.

Aparte de eso, concediendo especial importancia a las aptitudes para la «conexión a través del conflicto» descritas aquí, se puede ayudar a Colin a seguir avanzando hacia la consideración de los sentimientos ajenos. Por ejemplo, cuando Colin volvió a decorar su habitación y quitó los objetos de su hermano, fue una ocasión para enseñar algo, ocasión que sus padres podían emplear para ayudar a Colin a aprender muchas cosas acerca de cómo relacionarse. Demasiado a menudo olvidamos que «disciplina» en realidad significa «enseñanza», no «castigo». Un discípulo es un estudiante, no un receptor de consecuencias conductuales. Cuando enseñamos la visión de la mente, cogemos momentos de conflicto y los convertimos en oportunidades para aprender, para enseñar aptitudes y desarrollar el cerebro.

En ese momento, Ron habría podido pedir a Colin que mirara a su hermano, que lloraba mientras recogía y alisaba sus dibujos, y se fijara en lo dolido que estaba por sus señales no verbales. Eso habría podido llevar a una conversación muy seria sobre cómo Logan veía la situación: los dibujos arrugados, los trofeos apartados. Solo conseguir que Colin viera la situación desde la perspectiva de Logan habría sido un gran avance con beneficios muy duraderos. Con un simple tiempo muerto, Colin quizá habría aprendido a no quitar las cosas de su hermano sin permiso o quizá no, pero en todo caso el resultado no habría sido una generalización para el desarrollo de una aptitud aplicada a la visión de la mente.

Finalmente, Ron y Sandy habrían podido hablar de lo que debía suceder para enmendar las cosas; por ejemplo, que Colin pidiera perdón e hiciera dibujos nuevos junto con Logan para colgarlos en la pared compartida de la habitación. Al emplear la situación para fomentar el crecimiento y el aprendizaje, en lugar de eludirla como un obstáculo desagradable, los padres de Colin habrían podido convertir un conflicto bastante intenso en un momento de progreso y ayudar a que sus dos hijos aprendieran lecciones importantes sobre lo que significa relacionarse. La clave está en abrir el objetivo de la visión de la mente a fin de permitir que la percepción del mundo interior de cada niño esté a la vista para ser inspeccionada.

La visión de la mente permite a los niños percibir la importancia de la vida interior de los pensamientos y los sentimientos. Sin este desarrollo, las conductas se convierten en simples interacciones a las que un niño responde superficialmente, algo con que «lidiar» en forma de reacción automática sin necesidad de reflexionar. Los padres son los primeros maestros que enseñan a un niño la visión de la mente, empleando momentos delicados para activar los circuitos de reflexión de un niño con los que este puede ver nuestros mundos interiores compartidos. Conforme los niños desarrollan estas aptitudes de la visión de la mente, pueden aprender a mantener un equilibro entre la importancia de su propia vida interior y la de los demás. Estas aptitudes reflexivas también son esenciales para que los niños aprendan a mantener en equilibrio sus propias emociones al tiempo que entienden la vida emocional de quienes los rodean. La visión de la mente constituye el fundamento tanto para la inteligencia social como para la emocional. Permite a los niños comprender que forman parte de un mundo más amplio de relaciones donde los sentimientos importan y las conexiones son una fuente de recompensas, de significado y de diversión.

Los niños de cerebro pleno:
Enseña a tus hijos a integrar el yo con el otro

Ahora que ya sabes unas cuantas cosas sobre la visión de la mente, he aquí algo que puedes leer a tu hijo para explicarle cómo puede ver él tu mente y cómo cada uno puede ver la mente del otro.

LOS NIÑOS DE CEREBRO PLENO:
Enseña a tus hijos a integrar el yo con el otro

YO Y NOSOTROS

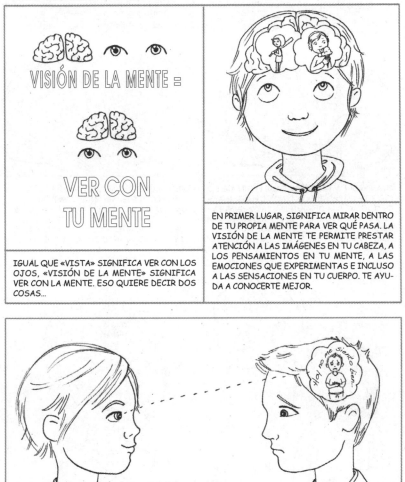

VISIÓN DE LA MENTE =

VER CON TU MENTE

IGUAL QUE «VISTA» SIGNIFICA VER CON LOS OJOS, «VISIÓN DE LA MENTE» SIGNIFICA VER CON LA MENTE. ESO QUIERE DECIR DOS COSAS...

EN PRIMER LUGAR, SIGNIFICA MIRAR DENTRO DE TU PROPIA MENTE PARA VER QUÉ PASA. LA VISIÓN DE LA MENTE TE PERMITE PRESTAR ATENCIÓN A LAS IMÁGENES EN TU CABEZA, A LOS PENSAMIENTOS EN TU MENTE, A LAS EMOCIONES QUE EXPERIMENTAS E INCLUSO A LAS SENSACIONES EN TU CUERPO. TE AYUDA A CONOCERTE MEJOR.

LA SEGUNDA MANERA DE USAR LA VISIÓN DE LA MENTE ES OBSERVANDO LA MENTE DE OTRAS PERSONAS, E INTENTANDO VER LAS COSAS COMO LAS VEN ELLOS.

POR EJEMPLO:

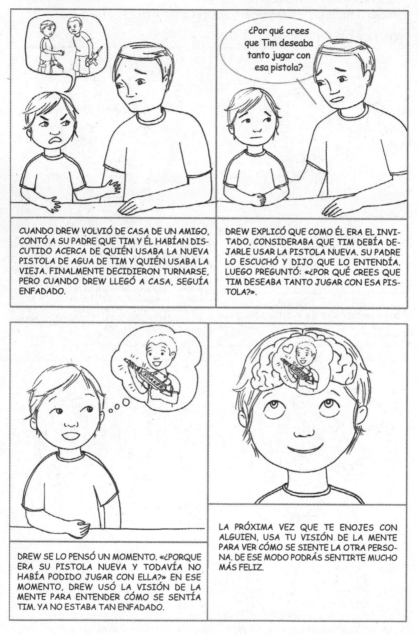

CUANDO DREW VOLVIÓ DE CASA DE UN AMIGO, CONTÓ A SU PADRE QUE TIM Y ÉL HABÍAN DISCUTIDO ACERCA DE QUIÉN USABA LA NUEVA PISTOLA DE AGUA DE TIM Y QUIÉN USABA LA VIEJA. FINALMENTE DECIDIERON TURNARSE, PERO CUANDO DREW LLEGÓ A CASA, SEGUÍA ENFADADO.

DREW EXPLICÓ QUE COMO ÉL ERA EL INVITADO, CONSIDERABA QUE TIM DEBÍA DEJARLE USAR LA PISTOLA NUEVA. SU PADRE LO ESCUCHÓ Y DIJO QUE LO ENTENDÍA. LUEGO PREGUNTÓ: «¿POR QUÉ CREES QUE TIM DESEABA TANTO JUGAR CON ESA PISTOLA?».

DREW SE LO PENSÓ UN MOMENTO. «¿PORQUE ERA SU PISTOLA NUEVA Y TODAVÍA NO HABÍA PODIDO JUGAR CON ELLA?» EN ESE MOMENTO, DREW USÓ LA VISIÓN DE LA MENTE PARA ENTENDER *CÓMO* SE SENTÍA TIM. YA NO ESTABA TAN ENFADADO.

LA PRÓXIMA VEZ QUE TE ENOJES CON ALGUIEN, USA TU VISIÓN DE LA MENTE PARA VER *CÓMO* SE SIENTE LA OTRA PERSONA. DE ESE MODO PODRÁS SENTIRTE MUCHO MÁS FELIZ.

Integrarnos: dar sentido a nuestra propia historia

El «nosotros» más importante de nuestra vida como padre o madre es la relación que compartimos con nuestro hijo. Esa relación tiene un impacto significativo en el futuro de nuestro hijo. Ciertas investigaciones han demostrado de manera consistente que cuando los padres ofrecen experiencias repetidas y predecibles en las que ven las emociones y necesidades de sus hijos, y reaccionan con sensibilidad, los niños progresan en todos los planos: el social, el emocional, el físico e incluso el académico. Si bien no es precisamente una revelación que a los niños les va mejor cuando gozan de relaciones intensas con sus padres, lo que puede resultar sorprendente es lo que produce esa clase de conexión entre padres e hijos. No es la manera en que nos criaron nuestros padres, ni la cantidad de libros que hayamos leído sobre la paternidad. En realidad lo que más influye en nuestra relación con nuestros hijos y, por tanto, en su progreso, es hasta qué punto hemos sabido dar sentido a nuestras experiencias con nuestros propios padres y la sensibilidad que mostramos ante nuestros hijos.

Todo se reduce a lo que llamamos la narración de nuestra vida, la historia que contamos cuando vemos quiénes somos y cómo nos hemos convertido en la persona que somos. La narración de nuestra vida determina lo que sentimos respecto a nuestro pasado, nuestra manera de entender por qué la gente (por ejemplo, nuestros padres) se comportó como lo hizo, y nuestra conciencia de cómo esos hechos han influido en nuestro desarrollo hacia la edad adulta. Cuando tenemos una narración coherente de nuestra vida, hemos logrado dar sentido al modo en que el pasado ha contribuido a que seamos quienes somos y a lo que hacemos.

Una narración de la vida que no ha sido examinada y entendida puede limitarnos en el presente, y también puede llevarnos a ejercer la paternidad de una manera reactiva y transmitir a nuestros hijos el mismo legado doloroso que nos afectó de una manera negativa en nuestros propios primeros años. Por ejemplo, imagina que tu padre tuvo una infancia difícil. Tal vez su hogar era un desierto emocional, en el que sus padres no lo consolaban cuando estaba asustado o triste, o incluso eran fríos y distantes, dejándolo enfrentarse a las dificultades de la vida por su cuenta. Si no le prestaron atención a él ni a sus emociones, debió de sufrir heridas significativas. Por consiguiente, al llegar a la edad adulta, seguramente tenía una capacidad limitada para darte a ti lo que necesitabas como niño. Puede que fuera incapaz de cultivar la intimidad y de relacionarse; puede que tuviera dificultades para responder a tus emociones y necesidades, y te dijera «sé fuerte» cuando te sentías triste o solo o asustado. Todo ello incluso podría derivarse de recuerdos implícitos de los que él no tendría la menor conciencia. Luego tú, al llegar a la edad adulta y ser también padre o madre, corrías el peligro de transmitir las mismas pautas lesivas a tus hijos. Esa es la mala noticia.

Pero la buena noticia —la noticia más que buena— es que si das un sentido a tus experiencias y entiendes la herida de tu padre, así como las limitaciones que tuvo para relacionarse, puedes romper el ciclo de transmisión del dolor. Puedes empezar a reflexionar acerca de esas experiencias y cómo te han afectado.

Es posible que sientas simplemente la tentación de ejercer una paternidad del todo opuesta a la de tus padres. Pero, en lugar de eso, lo que debes hacer es reflexionar abiertamente sobre cómo te han afectado tus experiencias con tus padres. Puede que tengas que enfrentarte a recuerdos implícitos que influyen en ti sin darte cuenta. A veces puede ser útil llevar a cabo este trabajo con un terapeuta, o compartir tus experiencias con un amigo o amiga. Sea como sea, es importante que empieces a ver con claridad tu propia historia, porque a través de las neuronas espejo y los recuerdos implícitos, transmitimos directamente nuestra vida emocional a nuestros hijos, para bien y para mal. Saber que nuestros hijos sobrellevan y conviven con lo que experimentamos es una herramienta poderosa que puede motivarnos a iniciar y proseguir con nuestro viaje hacia la comprensión de nuestras propias historias, tanto las alegres como las dolorosas. Así podremos sintonizar con las necesidades y las señales de nuestros hijos, creando un vínculo seguro y una conexión fuerte y sana.

Las investigaciones muestran que incluso los adultos que experimentaron infancias no precisamente óptimas pueden ejercer la paternidad de una manera igual de eficaz y educar a niños que se sientan igual de queridos y con vínculos igual de seguros que aquellos que han gozado de una vida familiar consecuente y afectuosa. Nunca es tarde para empezar a elaborar una narración coherente de tu vida, y al hacerlo, tus hijos cosecharán los frutos.

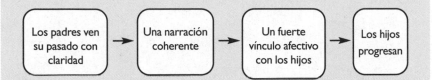

Queremos que el siguiente concepto quede lo más claro posible: las primeras experiencias de la vida no están marcadas por el destino. Al dar sentido a nuestro pasado, podemos liberarnos de lo que, en caso contrario, podría ser un legado transgeneracional de dolor y vinculación insegura, y transmitir en lugar de eso un patrimonio de amor y afecto a los hijos.

Conclusión

Todos albergamos esperanzas y sueños para nuestros hijos. Para la mayoría de nosotros, tienen que ver con el deseo de que nuestros hijos sean felices, sanos y realmente ellos mismos. Nuestro mensaje a lo largo de todo este libro ha sido que podemos ayudar a crear esta realidad para nuestros hijos manteniéndonos atentos durante las experiencias corrientes y cotidianas que compartimos con ellos. Eso significa que podemos usar las ocasiones más obvias en las que es posible impartir una lección, pero también los retos difíciles, e incluso los momentos rutinarios en los que «no pasa nada», como oportunidades para preparar a nuestros hijos para ser felices y tener éxito, gozar de buenas relaciones y sentirse satisfechos de quienes son. En pocas palabras, para ser niños de cerebro pleno.

Uno de los principales beneficios de la perspectiva del cerebro pleno, como ya hemos dicho, es que nos permite invertir los desafíos cotidianos de la paternidad que pueden interrumpir la diversión y nuestra conexión con los hijos. Una paternidad basada en el cerebro pleno nos permite ir más allá de la simple supervivencia. Este enfoque fomenta la conexión y una mayor compenetración entre nosotros y nuestros hijos. La conciencia de la integración nos proporciona la aptitud y la seguridad para manejar las cosas de forma tal que podamos acercarnos más a nuestros hijos, para conocer su mente y, por tanto, moldearla de manera positiva y sana. Eso significa que no solo progresarán nuestros hijos, sino que también florecerá nuestra relación con ellos.

Así pues, la paternidad basada en el cerebro pleno no tiene que ver solo con quién es ahora mismo nuestro adorable –y sin duda a veces exasperante– hijo, sino también con la persona en que se convertirá en el futuro. Tiene que ver con la integración de su cerebro, con cultivar su mente y conferirle las aptitudes que lo beneficiarán cuando llegue a la adolescencia y a la edad adulta. Al fomentar la integración en nuestro hijo y ayudar a desarrollar su cerebro superior, lo preparamos para ser un buen amigo, un buen cónyuge y un buen padre o madre. Por ejemplo, cuando un niño aprende a cribar las sensaciones, las imágenes, los sentimientos y los pensamientos en su mente, se comprenderá a sí mismo de una manera más profunda, y por lo tanto será más capaz de controlarse y conectar con los demás. Igualmente, al enseñarle la conexión a través del conflicto, damos a nuestro hijo un regalo de un valor inestimable mostrándole que incluso las discusiones desagradables son oportunidades para contactar con la mente de los demás y aprender de ello. La integración tiene que ver con la supervivencia y el progreso, y con el bienestar de nuestro hijo tanto ahora como en el futuro.

Si nos paramos a pensar en el impacto generacional del enfoque del cerebro pleno, resulta extraordinario. ¿Eres consciente del poder que tienes ahora para realizar un cambio positivo en el futuro? Al dar a tus hijos el regalo de usar todo su cerebro, estás incidiendo no solo en su vida, sino también en las de las personas con quienes interactúen. ¿Recuerdas las neuronas espejo y lo social que es el cerebro? Como ya hemos explicado, el cerebro de tu hijo no es un órgano aislado, un «cráneo único», que actúa en un vacío. El yo, la familia y la comunidad están conectados neurológicamente a un nivel fundamental. Incluso en nuestras vidas ajetreadas, compulsivas y a menudo aisladas, podemos recordar esta realidad esencial: somos todos interdependientes y estamos conectados unos con otros.

Los niños que descubren esta verdad tienen la oportunidad no solo de desarrollar felicidad y sentido y sabiduría en sus vidas, sino también de transmitir ese conocimiento a los demás. Cuando, por ejemplo, animamos a nuestros hijos a usar su mando a distancia interno para convertir los recuerdos implícitos en recuerdos explícitos, los ayudamos a cultivar dentro de ellos la aptitud de la autorreflexión que potenciará su capacidad para mantener interacciones plenas con los demás a lo largo de su vida. Lo mismo ocurre al enseñarles la rueda de la conciencia. En cuanto han aprendido a integrar las distintas partes de sí mismos, podrán comprenderse a sí mismos de una manera mucho más profunda y *elegir activamente* cómo van a interactuar con las personas que los rodean. Podrán capitanear la nave de sus vidas, evitando con mayor facilidad las orillas del caos y la rigidez, y permaneciendo más tiempo en la corriente armoniosa del bienestar.

Hemos visto una y otra vez que enseñar la integración a la gente y cómo aplicarla en la vida cotidiana tiene efectos profundos y duraderos. Para los niños, este enfoque puede cambiar la dirección de su manera de desarrollar y establecer las pautas que les permitan gozar de una vida llena de significado, bondad, flexibilidad y resistencia. Algunos niños criados con el enfoque del cerebro pleno dirán cosas que parecerán de una sabiduría mayor que la que corresponde a su edad. Un niño de tres años conocido nuestro aprendió tan bien a identificar y expresar emociones aparentemente contradictorias que una noche, cuando sus padres llegaron a casa después de haberlo dejado bajo los cuidados de su niñera, dijo: «Los eché de menos mientras estaban fuera, pero también la pasé muy bien con Katie». Y una niña de siete años dijo a sus padres de camino a un picnic con la familia: «He decidido que, mientras esté en el parque, no daré importancia a la herida del pulgar. Solo diré a la gente que me he hecho daño, y luego me divertiré y jugaré igual». Este nivel de autoconciencia puede parecer llamativo en niños tan pequeños, pero demuestra las posibilidades del enfoque del cerebro pleno. Cuando uno se convierte en autor activo de la historia de su vida, y no es solo el escriba pasivo de la historia conforme se desarrolla, puede crear una vida de su agrado.

Es evidente que esta autoconciencia puede conducir a relaciones más sanas en el futuro, y sobre todo lo que podría significar para los hijos de nuestros propios hijos cuando también ellos sean padres. Al criar a un niño de cerebro pleno, en realidad estamos ofreciendo a tus futuros nietos un importante regalo. Cierra los ojos por un momento e imagina a tu hijo sosteniendo a su hijo en brazos y piensa en el poder de lo que estás transmitiendo. Y eso no es todo. Tus nietos podrán utilizar lo que aprendan de sus padres y transmitirlo ellos a su vez como un legado continuo de alegría y felicidad. ¡Imagínate a tus hijos conectando con tus nietos y redirigiéndolos! Así es como integramos nuestras vidas de una generación a otra.

Esperamos que esta visión te inspire para convertirte en el padre o la madre que quieres ser. Sin duda a veces tus ideales se verán defraudados. Y sí, muchas de las cosas que hemos compartido requieren un verdadero esfuerzo por tu parte y la de tus hijos. Al fin y al cabo, no siempre es fácil retrotraerse y volver a contar historias sobre experiencias dolorosas, ni recordar que debes hacer intervenir el cerebro superior de tu hijo cuando esté disgustado, en lugar de activar más aún el inferior. Pero todas las estrategias del cerebro pleno ofrecen pasos prácticos que puedes dar ya ahora para que tu vida y la de tu familia sean mejores y más manejables. No es necesario que seas un padre o una madre perfecto ni que sigas una especie de orden del día obligatorio que programa a tus hijos para que sean niños robot ideales. Seguirás cometiendo un sinfín de errores (igual que los cometemos nosotros) y también los cometerán tus hijos (igual que los cometerán los nuestros).

Pero lo bueno de la perspectiva del cerebro pleno es que te permite entender que *incluso los errores son oportunidades* para crecer y aprender. Este enfoque conlleva una intencionalidad a la hora de actuar y fijarnos una meta, al tiempo que aceptamos que todos somos humanos. Nuestros objetivos son la intención y la atención, no una expectativa rígida y dura de perfección.

Una vez que hayas descubierto el enfoque del cerebro pleno, lo más probable es que quieras compartirlo con otras personas de tu vida para que se unan a ti en esta gran responsabilidad de crear el futuro. A los padres de cerebro pleno les entusiasma la idea de compartir lo que saben con otros padres, así como con maestros y cuidadores con los que pueden trabajar en equipo para promocionar la salud y el bienestar de sus hijos. Al crear una familia de cerebro pleno, también participamos en una visión más amplia que consiste en crear toda una sociedad llena de comunidades fecundas y bien relacionadas entre sí, donde se fomente el bienestar emocional de esta y las futuras generaciones. Estamos todos conectados social y sinápticamente, y al incorporar la integración en nuestras vidas, creamos un mundo de bienestar.

Ya ves con qué pasión creemos en el impacto positivo que pueden tener los padres en sus hijos y en la sociedad en general. No hay nada más importante que puedas hacer como padre o madre que tener una intención clara a la hora de moldear la mente de tu hijo. Lo que haces tiene una gran trascendencia.

Dicho esto, no te agobies demasiado. Hemos resaltado la importancia de aprovechar los momentos que tienes con tus hijos, pero no es realista pensar que puedes hacerlo el cien por ciento del tiempo. Lo que cuenta es que seas consciente de las oportunidades cotidianas para fomentar el desarrollo de tus hijos. Sin embargo, eso no significa que tengas que estar hablando del cerebro a todas horas o estar empujando continuamente a tus hijos a recordar acontecimientos relevantes de su vida. Es igual de importante que se relajen y se diviertan juntos. Y sí, a veces incluso está bien dejar pasar uno de esos momentos ideales en que podrías enseñar algo.

Somos conscientes de que, al principio, tanto hablar de tu poder para moldear la mente de tus hijos e influir en el futuro puede resultar intimidante, sobre todo porque los genes y las experiencias afectan a los niños de maneras que los padres simplemente no pueden controlar. Pero si entiendes de verdad el concepto de *El cerebro del niño*, verás que puede liberarte del temor de no estar haciendo las cosas bien con tus hijos. No debes sentir que tu responsabilidad es evitar todos los errores, como tampoco se espera de ti que retires todos los obstáculos a los que se enfrentan tus hijos. Tu cometido consiste más bien en estar presente ante tus hijos y conectar con ellos tanto en los momentos buenos como en los malos de la vida.

Lo bueno de *El cerebro del niño* es que presenta incluso los momentos difíciles que vivas con tus hijos, incluso los errores que cometas en tu papel de padre o madre, como oportunidades para ayudar a tus hijos a crecer, a aprender y a desarrollarse para convertirse en personas felices y sanas y ser plenamente ellos mismos. En lugar de hacer caso omiso a sus emociones intensas o distraerlos de sus conflictos, puedes cultivar todo su cerebro, *acompañándolos en estos retos*, estando presente y reforzando así el vínculo con ellos y ayudándolos a sentirse vistos, escuchados y queridos. Esperamos que lo que compartimos en estas páginas te dé una base sólida e inspiración para crear la vida que deseas para tus hijos y tu familia, tanto ahora como en los años y las generaciones venideras.

Hoja para la nevera

El cerebro infantil pleno
Daniel J. Siegel y Tina Payne Bryson

INTEGRAR LOS CEREBROS DERECHO E IZQUIERDO

· **Izquierdo + derecho = claridad y comprensión:** Ayuda a tus hijos a usar el cerebro izquierdo lógico y el cerebro derecho emocional como si fuera un equipo.

· **Lo que puedes hacer:**
  · *Conecta y redirige:* Cuando tu hijo está disgustado, conecta primero emocionalmente, cerebro derecho con cerebro derecho. Después, cuando tu hijo ha recuperado el control y se muestra más receptivo, imparte las lecciones del cerebro izquierdo e impón disciplina.
  · *Ponle un nombre para domarlo:* Cuando las intensas emociones del cerebro derecho están totalmente desbocadas, ayuda a tus hijos a contar la historia de lo que los ha alterado, para que su cerebro izquierdo pueda contribuir a dar sentido a su experiencia y para que ellos sientan que controlan.

INTEGRAR EL CEREBRO SUPERIOR Y EL CEREBRO INFERIOR

· **Desarrolla el cerebro superior:** Busca maneras de ayudar a construir el complejo cerebro superior, que está «en obras» durante la infancia y la adolescencia y del que puede «adueñarse» el cerebro inferior, sobre todo en situaciones de emociones intensas.

· **Lo que puedes hacer:**
  · *Activa, no enfurezcas:* En situaciones de mucho estrés, activa el cerebro superior de tu hijo en lugar de incitar al cerebro inferior. No recurras de inmediato al recurso de «¡Porque yo lo digo!». En lugar de eso, haz preguntas, pide alternativas, incluso negocia.
  · *Úsalo o piérdelo:* Ofrece muchas oportunidades para ejercitar el cerebro superior. Juega a juegos del tipo «¿Qué harías si...?» y procura no rescatar a los niños de las decisiones difíciles.
  · *Muévelo o piérdelo:* Cuando un niño ha perdido el contacto con su cerebro superior, ayúdalo a recuperar el equilibrio haciéndole mover el cuerpo.

INTEGRAR LA MEMORIA

· **Haz que lo implícito sea explícito:** Ayuda a tus hijos a convertir los recuerdos implícitos en recuerdos explícitos, para que las experiencias del pasado no los afecten de manera debilitante.

· **Lo que puedes hacer:**

· *Usa el mando a distancia de la mente:* Cuando un niño es reacio a contar un acontecimiento doloroso, el mando a distancia interno le permite interrumpir, rebobinar y hacer avanzar una historia mientras la cuenta, y así puede controlar cuanto ve.

· *Acuérdate de recordar:* Ayuda a tus hijos a ejercitar la memoria ofreciéndoles muchas oportunidades de practicar el recuerdo de acontecimientos importantes: en el auto, en la cena, donde sea.

INTEGRAR LAS DISTINTAS PARTES DE MÍ MISMO

· **La rueda de la conciencia:** Cuando tus hijos se quedan atascados en un punto determinado del borde de su rueda de la conciencia, ayúdalos a elegir dónde van a fijar la atención para poder controlar más cómo se sienten.

· **Lo que puedes hacer:**

· *Deja pasar las nubes de la emoción:* Recuerda a los niños que los sentimientos vienen y se van; son estados pasajeros, no rasgos duraderos.

· *Criba:* Ayuda a tus hijos a prestar atención a las sensaciones, las imágenes, los sentimientos y los pensamientos que hay en su interior.

· *Ejercita la visión de la mente:* El ejercicio de la visión de la mente enseña a los niños a tranquilizarse y a fijar la atención en lo que quieren.

INTEGRAR EL YO Y EL OTRO

· **Equipados para un «nosotros»:** Busca maneras de sacar partido a la aptitud innata del cerebro para la interacción social. Crea modelos mentales positivos de relaciones.

· **Lo que puedes hacer:**

· *Pasarlo bien:* Fomenta la diversión en la familia, para que tus hijos gocen de experiencias positivas y satisfactorias con las personas con las que están más tiempo.

· *Conecta a través del conflicto:* En lugar de ser un obstáculo que debe evitarse, considera el conflicto una oportunidad de enseñar a tus hijos aptitudes esenciales para relacionarse, como ver las cosas desde la perspectiva de los demás, interpretar señales no verbales y hacer las paces.

Edades y etapas del cerebro pleno

Conforme tus hijos se hacen mayores, puede que necesites ayuda a la hora de aplicar a las distintas edades y etapas las doce estrategias del cerebro pleno. Teniendo eso en cuenta, hemos confeccionado la siguiente tabla, que puedes usar como guía cuando necesites un recordatorio rápido. Parte de lo que recomendamos más abajo se superpondrá en distintas edades, ya que las estrategias son aplicables a varias etapas del desarrollo. Nuestro objetivo es asegurar que el libro siga siendo un recurso vital conforme tu hijo crezca y cambie, y que tú dispongas de herramientas claras y concretas para cada etapa del desarrollo.

Primera infancia (0-3)

TIPO DE INTEGRACIÓN	ESTRATEGIA DEL CEREBRO PLENO	APLICACIONES DE LA ESTRATEGIA
Integrar los cerebros derecho e izquierdo	N° 1: *Conecta y redirige:* Cuando tu hijo está disgustado, primero conecta emocionalmente, cerebro derecho con cerebro derecho. Después, cuando él haya recuperado el control y se muestre más receptivo, imparte las lecciones del cerebro izquierdo e impón la disciplina.	Este es el momento, cuanto antes mejor, para empezar a enseñar a tu hijo todo lo relativo a las emociones. Sé un reflejo de sus sentimientos y usa señales no verbales (como los abrazos y las expresiones faciales de empatía) para mostrar que lo entiendes: «Te sientes frustrado, ¿verdad?». Luego, una vez que hayas conectado, impón los límites: «Los mordiscos hacen daño. Por favor, ten cuidado». Finalmente, dirige la atención hacia una alternativa adecuada o cambia de tema: «Vaya, mira, ahí está tu oso. Hacía tiempo que no lo veía».
	N° 2: *Ponle un nombre para domarlo:* Cuando las intensas emociones del cerebro derecho están desbocadas, ayuda a tu hijo a contar la historia de lo que lo ha alterado. Al hacerlo, usará su cerebro izquierdo para dar sentido a su experiencia y sentirá que tiene un mayor control sobre sí mismo.	Incluso a esta edad tan temprana, adopta la costumbre de reconocer y dar un nombre a los sentimientos: «Se te ve muy triste. Te has hecho mucho daño, ¿verdad?». Luego cuenta la historia. Con los niños pequeños tendrás que ser tú el principal narrador. Usa tus propias palabras e incluso interpreta la caída o el golpe, preferiblemente con humor, y observa la fascinación de tu hijo. Puede ser útil confeccionar un libro casero con dibujos o fotos a fin de volver a contar una historia perturbadora, o de preparar a tu hijo para una transición, como una rutina a la hora de irse a dormir o empezar a ir al jardín infantil.
Integrar los cerebros superior e inferior	N° 3: *Activa, no enfurezcas:* En situaciones de mucho estrés, activa el cerebro superior de tu hijo pidiéndole que reflexione, planee y elija, en lugar de activar el cerebro inferior, donde no interviene tanto la reflexión como la reacción.	A nadie le gusta que le digan que no, y es una estrategia especialmente ineficaz cuando se usa demasiado a menudo con los niños muy pequeños. Siempre que sea posible, evita las luchas manifiestas de poder con tu hijo. Guárdate los «no» para cuando los necesites de verdad. La próxima vez que te oigas a ti mismo empezar a prohibirle que golpee el espejo con un palo, detente. En lugar de eso, activa su cerebro superior: «Vamos afuera. ¿Qué podrías hacer con ese palo en el jardín?».

TIPO DE INTEGRACIÓN	ESTRATEGIA DEL CEREBRO PLENO	APLICACIONES DE LA ESTRATEGIA
Integrar los cerebros superior e inferior	N° 4: *Úsalo o piérdelo:* Proporciona muchas oportunidades para ejercitar el cerebro superior a fin de que esté fuerte e integrado con el cerebro inferior y el cuerpo.	Con la mayor frecuencia posible, busca maneras en que tu hijo pueda usar su cerebro superior y tomar decisiones por su cuenta. «¿Hoy quieres ponerte la camisa azul o la roja?» «¿Qué prefieres para cenar? ¿Leche o agua?» Cuando leáis juntos, hazle preguntas que hagan crecer el cerebro: «¿Cómo crees que el gatito bajará del árbol?», «¿Por qué la niña está tan triste?».
	N° 5: *Muévelo o piérdelo:* Una manera eficaz de ayudar a un niño a recuperar el equilibrio entre los cerebros superior e inferior es pedirle que mueva el cuerpo.	Cuando tu hijo está alterado, asegúrate de que reconoces la existencia de sus sentimientos. Ese debe ser siempre tu primer paso. Pero luego, lo antes posible, oblígalo a moverse. Juega con él a luchar. O al «Rey manda». Haz carreras con él yendo y volviendo del dormitorio. Si consigues que se mueva, cambiarás su estado de ánimo.
Integrar la memoria	N° 6: *Usa el mando a distancia de la mente:* Después de un acontecimiento inquietante, el mando a distancia interno permite que un niño interrumpa, rebobine o haga avanzar rápidamente una historia mientras la cuenta, y eso le permite controlar lo que ve.	Es posible que los niños tan pequeños no estén familiarizados con los mandos, pero sí conocen el poder de una historia. Esta vez aprovecha que tu hijo quiera contar (y repetir) historias. En lugar de interrumpir y hacer avanzar rápidamente, puede que solo tengas que pulsar el botón de reproducción repetidamente mientras cuentas la misma historia una y otra vez. Aunque sea molesto tener que contar lo mismo un sinfín de veces, recuerda que la narración de historias conduce a la comprensión, la curación y la integración.

TIPO DE INTEGRACIÓN	ESTRATEGIA DEL CEREBRO PLENO	APLICACIONES DE LA ESTRATEGIA
Integrar la memoria	N° 7: *Acuérdate de recordar:* Ayuda a tus hijos a ejercitar la memoria ofreciéndoles muchas oportunidades para recordar.	A esta edad, haz preguntas sencillas, procurando fijar la atención de tu hijo en los detalles del día. «Hoy hemos ido a la casa de Carrie, ¿verdad? ¿Y te acuerdas de lo que hemos hecho allí?» Esta clase de preguntas son los componentes básicos de un sistema de la memoria integrado.
Integrar las distintas partes de mí mismo	N° 8: *Deja pasar las nubes de las emociones:* Recuerda a los niños que los sentimientos vienen y se van. El miedo, la frustración y la soledad son estados pasajeros, no rasgos duraderos.	Pon los cimientos para que el niño tome conciencia de la diferencia entre «estar» y «ser». Cuando los niños pequeños están tristes (o enfadados o asustados), les cuesta entender que no siempre se sentirán así. Ayúdalos, pues, a decir: «Ahora mismo estoy triste, pero sé que dentro de un rato estaré contento». Pero ten cuidado: no restes importancia a lo que siente ahora. Reconoce la existencia del sentimiento actual y consuela al niño, y luego ayúdalo a entender que no estará siempre triste, que pronto se sentirá mejor.
	N° 9: *Criba:* Ayuda a tu hijo a prestar atención y entender las sensaciones, las imágenes, los sentimientos y los pensamientos en su interior.	Ayuda a tu hijo a tomar conciencia y hablar de su mundo interior. Haz preguntas que lo lleven a fijarse en sus sensaciones corporales («¿Tienes hambre?»), en imágenes mentales («¿Qué ves cuando piensas en la casa de la abuela?»), en sus sentimientos («Es muy frustrante cuando se caen los bloques, ¿verdad que sí?») y en sus pensamientos («¿Qué crees que pasará mañana cuando venga Jill a casa?»).

TIPO DE INTEGRACIÓN	ESTRATEGIA DEL CEREBRO PLENO	APLICACIONES DE LA ESTRATEGIA
Integrar las distintas partes de mí mismo	Nº 10: *Ejercita la visión de la mente:* Practicando la visión de la mente los niños aprenden a tranquilizarse y a centrar la atención en lo que eligen.	Incluso los niños pequeños pueden aprender a estar quietos y a respirar tranquilamente, aunque solo sea unos pocos segundos. Haz que tu hijo se tumbe boca arriba y ponle un barco de juguete en el abdomen. Enséñale a respirar despacio y profundamente para que el barco suba y baje. Practica el ejercicio poco rato porque aún es muy pequeño. Simplemente déjalo experimentar la sensación de estar quieto, callado y tranquilo.
Integrar el yo y el otro	Nº 11: *Aumenta el factor diversión en la familia:* Fomenta la diversión en la familia, para que tus hijos disfruten de experiencias positivas y satisfactorias junto a las personas con las que pasan más tiempo.	Sigue el ejemplo de tu hijo y simplemente juega. Hazle cosquillas, ríete con él, quiérelo. Apila objetos, derríbalos. Golpea cacerolas y sartenes, ve al parque, chuta la pelota. Con cada interacción en la que te centres en tu hijo y sintonices con él, crearás expectativas positivas en su cabeza sobre lo que significa querer y relacionarse.
	Nº 12: *Conecta a través del conflicto:* Más que un obstáculo que debas evitar, considera el conflicto una oportunidad para enseñar a tus hijos aptitudes esenciales para relacionarse.	Habla con tu hijo sobre la importancia de compartir y turnarse, pero no esperes demasiado de él. En los próximos años tendrás oportunidades de sobra para enseñar las aptitudes sociales y disciplina. Ahora mismo, si surge un conflicto entre él y otro niño, ayúdalo a expresar cómo se siente y cómo debe de sentirse el otro niño, y ayúdalos a ambos a resolver el problema si es posible. Luego redirígelos para que hagan una transición hacia otra actividad que puedan disfrutar.

Preescolar (3-6)

TIPO DE INTEGRACIÓN	ESTRATEGIA DEL CEREBRO PLENO	APLICACIONES DE LA ESTRATEGIA
Integrar los cerebros derecho e izquierdo	N° 1: *Conecta y redirige:* Cuando tu hijo está disgustado, primero conecta emocionalmente, cerebro derecho con cerebro derecho. Después, cuando haya recuperado el control y se muestre más receptivo, imparte las lecciones del cerebro izquierdo e impón la disciplina.	Primero, con cariño, escucha el motivo por el que tu hija se ha alterado. Abrázala y repite lo que te ha contado con una comunicación no verbal afectuosa: «¿Estás muy decepcionada porque Molly no puede venir a casa?». Luego, en cuanto hayas conectado, dirígela hacia la búsqueda de la solución del problema e indícale cuál es la conducta más correcta: «Ya sé que estás disgustada, pero debes tratar a mamá con delicadeza. ¿Se te ocurre alguna otra idea para pasarla bien? Tal vez podamos averiguar si Molly puede venir mañana».
	N° 2: *Ponle un nombre para domarlo:* Cuando las intensas emociones del cerebro derecho están desbocadas, ayuda a tu hijo a contar la historia de lo que lo ha alterado. Al hacerlo, usará su cerebro izquierdo para dar sentido a su experiencia y sentirá que tiene un mayor control sobre sí mismo.	Tanto si se trata de un trauma mayor como de uno menor, puedes iniciar el proceso de la narración de historias casi de inmediato (una vez conectado tu cerebro derecho con el suyo). A esta edad, tu hijo necesitará que tú tomes la iniciativa: «¿Sabes qué he visto? Te he visto correr, y cuando has pisado ese suelo resbaladizo, te has caído. ¿Eso es lo que ha ocurrido?». Si él sigue contando la historia, estupendo. Pero si es necesario, puedes continuar tú: «Entonces has empezado a llorar, y yo me he acercado corriendo y…». Puede ser útil confeccionar un libro casero con dibujos o fotos a fin de volver a contar una historia inquietante, o de preparar a tu hijo para una transición, como una nueva rutina a la hora de irse a dormir o empezar a ir al jardín infantil.

TIPO DE INTEGRACIÓN	ESTRATEGIA DEL CEREBRO PLENO	APLICACIONES DE LA ESTRATEGIA
Integrar los cerebros superior e inferior	N° 3: *Activa, no enfurezcas:* En situaciones de mucho estrés, activa el cerebro superior de tu hijo pidiéndole que reflexione, planee y elija, en lugar de activar el cerebro inferior, donde no interviene tanto la reflexión como la reacción.	Imponer límites claros es importante, pero a menudo decimos «no» más veces de las necesarias. Cuando tu hijo esté disgustado, sé creativo. En lugar de decir: «No está bien comportarse así», pregunta: «¿De qué otra manera podrías enfrentarte a eso?». En lugar de decir: «No me gusta que hables así», prueba: «¿Puedes buscar alguna otra manera de decir eso, una manera más educada?». Luego elógialo cuando use su cerebro superior para proponer alternativas. Una pregunta muy útil para evitar luchas de poder es: «¿Se te ocurre alguna idea de cómo podemos conseguir los dos lo que queremos?».
	N° 4: *Úsalo o piérdelo:* Proporciona muchas oportunidades para ejercitar el cerebro superior a fin de que esté fuerte e integrado con el cerebro inferior y el cuerpo.	Además de enseñar a tu hijo las formas, las letras y los números, juega a juegos del estilo «¿Qué harías si…?», que le presenten dilemas hipotéticos. «¿Qué harías si estuvieras en el parque y encontraras un juguete que quieres de verdad, pero que sabes que pertenece a otro niño?». Lean un cuento juntos y pide a tu hijo que adivine cómo acabará. También dale muchas oportunidades para que tome decisiones por su cuenta, incluso (y sobre todo) cuando son difíciles.
	N° 5: *Muévelo o piérdelo:* Una manera eficaz de ayudar a un niño a recuperar el equilibrio entre el cerebro superior y el inferior es pedirle que mueva el cuerpo.	A los niños de esta edad les encanta moverse. Así pues, cuando tu hijo esté disgustado, y una vez que hayas reconocido la existencia de sus sentimientos, hazle mover el cuerpo. Lucha con él. Juega a mantener un globo en el aire sin dejarlo tocar el suelo. Chuta una pelota de un lado a otro mientras él te cuenta por qué está disgustado. Mover el cuerpo es una manera muy útil de cambiar un estado de ánimo.

TIPO DE INTEGRACIÓN	ESTRATEGIA DEL CEREBRO PLENO	APLICACIONES DE LA ESTRATEGIA
Integrar la memoria	N° 6: *Usa el mando a distancia de la mente:* Después de un acontecimiento inquietante, el mando a distancia interno permite que un niño interrumpa, rebobine o haga avanzar rápidamente una historia mientras la cuenta, y eso le permite controlar lo que ve.	Lo más probable es que a tu hijo en edad preescolar le encante contar historias. Foméntaselo. Cuenta historias de cualquier cosa que ocurra: tanto las buenas como las malas y las que no son ni lo uno ni lo otro. Y cuando suceda algo importante, debes estar dispuesto a contar la historia una y otra vez. Aunque tu hijo no sepa gran cosa acerca de los mandos a distancia, será capaz de «rebobinar» e «interrumpir» su historia. Le encantará oírte contar, y te ayudará a contar y volver a contar la historia de cualquier acontecimiento importante de su vida. Así que ya puedes estar preparado para pulsar el botón de encendido una y otra vez, y debes saber que, cuando lo hagas, estarás promocionando la curación y la integración.
	N° 7: *Acuérdate de recordar:* Ayuda a tus hijos a ejercitar la memoria ofreciéndoles muchas oportunidades para recordar.	Haz preguntas que ejerciten la memoria: «¿Qué le ha parecido a la señorita Álvarez el robot que has llevado hoy para compartir?», «¿Te acuerdas de cuando el tío Chris te llevó a comer un helado?». Juega a juegos de la memoria que exijan que tu hijo forme parejas o busque elementos relacionados, tal vez fotos de amigos y miembros de la familia relacionados con anécdotas o recuerdos concretos. Empleando sobre todo acontecimientos importantes que quieres que recuerde, túrnense para hablar de los detalles más destacados para cada uno de ustedes.

TIPO DE INTEGRACIÓN	ESTRATEGIA DEL CEREBRO PLENO	APLICACIONES DE LA ESTRATEGIA
Integrar las distintas partes de mí mismo	N° 8: *Deja pasar las nubes de las emociones:* Recuerda a los niños que los sentimientos vienen y se van. El miedo, la frustración y la soledad son estados pasajeros, no rasgos duraderos.	Una razón por la que los sentimientos intensos pueden ser muy molestos para los niños pequeños es que para ellos las emociones no son pasajeras. Así pues, cuando consuelas a tu hija porque está disgustada, enséñale que los sentimientos vienen y se van. Ayúdala a ver que es bueno reconocer la existencia de sus emociones, pero también es bueno darse cuenta de que aunque ahora mismo esté triste (o enfadada o asustada), probablemente volverá a estar contenta dentro de unos minutos. Incluso puedes hacer preguntas que la lleven a sacar ella misma sus propias conclusiones, como «¿Cuándo crees que te sentirás mejor?».
	N° 9: *Criba:* Ayuda a tus hijos a fijarse y entender las sensaciones, las imágenes, los sentimientos y los pensamientos en su interior.	Habla con tu hijo de su mundo interior. Ayúdalo a comprender que puede fijarse en lo que está pasando en su cuerpo y su cabeza y hablar de ello. Probablemente todavía no esté listo para la criba, pero puedes ayudarlo a hacer preguntas que lo conduzcan a prestar atención a sus sensaciones corporales («¿Tienes hambre?»), imágenes mentales («¿Qué ves cuando piensas en la casa de la abuela?»), sus sentimientos («Es muy frustrante cuando los amigos se niegan a compartir, ¿verdad que sí?») y sus pensamientos (¿Qué crees que pasará mañana en la escuela?»).

TIPO DE INTEGRACIÓN	ESTRATEGIA DEL CEREBRO PLENO	APLICACIONES DE LA ESTRATEGIA
Integrar las distintas partes de mí mismo	N° 10: *Ejercita la visión de la mente:* Practicando la visión de la mente, los niños aprenden a tranquilizarse y a centrar la atención en lo que quieren.	A esta edad, los niños pueden practicar una respiración lenta, sobre todo si el ejercicio es breve. Pide a tu hija que se tumbe boca arriba y pon un barco de juguete en su abdomen. Enséñale a respirar despacio y profundamente para conseguir que el barco suba y baje. También puedes hacer uso de la viva imaginación que tiene tu hija a esta edad para que fije la atención y altere su estado emocional: «Imagina que estás descansando en la arena tibia de la playa y te sientes tranquila y feliz».
Integrar el yo y el otro	N° 11: *Aumenta el factor diversión en la familia:* Fomenta la diversión en la familia, para que tus hijos disfruten de experiencias positivas y satisfactorias junto a las personas con las que pasan más tiempo.	No necesitas hacer un gran esfuerzo para divertirte con tu hijo en edad preescolar. El solo hecho de estar contigo para él es el paraíso. Pasa un tiempo con él, juega con él y ríanse juntos. Promueve la diversión con hermanos y abuelos. Haz el tonto y convierte lo que podrían ser luchas de poder en momentos lúdicos y divertidos de unión. Cuando te diviertes y creas rituales placenteros en la familia intencionadamente, estás llevando a cabo una inversión en tu relación que dará fruto en los años venideros.
	N° 12: *Conecta a través del conflicto:* Más que un obstáculo que debas evitar, considera el conflicto una oportunidad para enseñar a tus hijos aptitudes esenciales para relacionarse.	Utiliza los conflictos a los que se enfrenta tu hija en edad preescolar —con sus hermanos, con sus compañeros de clase, incluso contigo— para enseñarle lecciones sobre cómo debe relacionarse con los demás. Compartir, turnarse, pedir perdón y perdonar son conceptos importantes que está lista para aprender. Modela todo esto para ella y dedícale un tiempo para ponerte a su lado y ayudarla a entender lo que significa relacionarse y tener una actitud considerada y respetuosa con los demás, incluso en los momentos de conflicto.

Primera etapa escolar (6-9 años)

TIPO DE INTEGRACIÓN	ESTRATEGIA DEL CEREBRO PLENO	APLICACIONES DE LA ESTRATEGIA
Integrar los cerebros derecho e izquierdo	N° 1: *Conecta y redirige:* Cuando tu hijo esté disgustado, primero conecta emocionalmente, cerebro derecho con cerebro dere cho. Después, cuando haya recuperado el control y se muestre más receptivo, imparte las lecciones del cerebro izquierdo e impón la disciplina.	Escucha primero, luego explica tú cómo se siente tu hijo. Al mismo tiempo, usa la comunicación no verbal para consolarlo. Los abrazos y el contacto físico, junto con las expresiones faciales de empatía, siguen siendo herramientas muy útiles para apaciguar las emociones intensas. Luego redirige buscando soluciones a los problemas y, según las circunstancias, impón disciplina y límites.
	N° 2: *Ponle un nombre para domarlo*: Cuando las intensas emociones del cerebro derecho están desbocadas, ayuda a tu hijo a contar la historia de lo que lo ha alterado. Al hacerlo, usará su cerebro izquierdo para dar sentido a su experiencia y sentirá que tiene un mayor control sobre sí mismo.	Tanto si se trata de un trauma mayor como de uno menor, puedes iniciar el proceso de la narración de cuentos casi de inmediato (en cuanto hayas conectado tu cerebro derecho con el suyo). Mientras que con niños más pequeños es posible que tengas que ser tú quien cuente la mayor parte de la historia y con niños mayores puedes dejarles a ellos tomar la iniciativa, con un niño de esta edad hay que buscar un punto intermedio. Haz muchas preguntas: «¿De verdad no te has dado cuenta de que el columpio iba directo hacia ti?». O: «¿Y qué ha hecho la señorita cuando él te ha dicho eso?», «¿y después qué ha pasado?». Puede ser útil confeccionar un libro casero con dibujos o fotos a fin de volver a contar una historia inquietante, o a fin de preparar a tu hijo para algo que teme, como una visita al dentista o una mudanza.

TIPO DE INTEGRACIÓN	ESTRATEGIA DEL CEREBRO PLENO	APLICACIONES DE LA ESTRATEGIA
Integrar los cerebros superior e inferior	N° 3: *Activa, no enfurezcas:* En situaciones de mucho estrés, activa el cerebro superior de tu hijo pidiéndole que reflexione, planee y elija, en lugar de activar el cerebro inferior, donde no interviene tanto la reflexión como la reacción.	Como siempre, conecta primero. Evita emplear de inmediato el recurso del «¡Porque yo lo digo!». Ahora mismo el cerebro superior de tu hijo está floreciendo, así que déjalo cumplir con su cometido. Explica tus razones, anímalo a hacer preguntas, pide soluciones alternativas e incluso negocia. Tú eres quien tiene la autoridad en la relación, y no hay excusa para que tu hijo te falte al respeto, pero sí puedes conducirlo a proponer distintas maneras de abordar la disciplina o de aprender una lección. Cuando esperamos y facilitamos un pensamiento más complejo, es menos probable que recibamos una respuesta reactiva y de enfrentamiento.
	N° 4: *Úsalo o piérdelo:* Proporciona muchas oportunidades para ejercitar el cerebro superior a fin de que esté fuerte e integrado con el cerebro inferior y el cuerpo.	Juega a juegos del estilo de «¿Qué harías si…?» y presenta dilemas a tu hijo: «Si un matón se metiera con alguien en la escuela y no hubiera adultos cerca, ¿qué harías?». Fomenta la empatía y la comprensión de sí mismo a través de diálogos reflexivos sobre cómo se sienten los demás y sobre sus propias intenciones, deseos y creencias. Asimismo, deja que tu hijo se enfrente a decisiones y situaciones difíciles. Siempre que puedas hacerlo de una manera responsable, evita resolver sus problemas y resiste la tentación de acudir en su ayuda, incluso cuando cometa pequeños errores o sus elecciones no sean del todo acertadas. Al fin y al cabo, ahora mismo tu objetivo no es alcanzar la perfección en cada decisión, sino lograr un desarrollo óptimo del cerebro en el futuro.

TIPO DE INTEGRACIÓN	ESTRATEGIA DEL CEREBRO PLENO	APLICACIONES DE LA ESTRATEGIA
Integrar los cerebros superior e inferior	N° 5: *Muévelo o piérdelo:* Una manera eficaz de ayudar a un niño a recuperar el equilibrio entre el cerebro superior e inferior es pedirle que mueva el cuerpo.	Conecta con tu hijo cuando esté disgustado y luego busca maneras de que se mueva. Cojan las bicicletas para ir a dar un paseo. Jueguen a mantener un globo en el aire sin dejarlo caer al suelo o prueben posturas de yoga. Según como sea tu hijo, es posible que tengas que explicar tus intenciones con mayor claridad. No pienses que debas «engañar» o esconder tu estrategia. Sé directo y explica el concepto de «muévelo o piérdelo», luego usa la lección para enseñarle a tu hijo que realmente podemos controlar nuestro estado de ánimo.
Integrar la memoria	N° 6: *Usa el mando a distancia de la mente:* Después de un acontecimiento inquietante, el mando a distancia interno permite que un niño interrumpa, rebobine o haga avanzar rápidamente una historia mientras la cuenta, y eso le permite controlar lo que ve.	A esta edad un niño puede ser reacio a contar historias difíciles o a recordar hechos dolorosos. Ayúdalo a comprender la importancia de ver lo que le ha sucedido. Trátalo con delicadeza y afecto, y permítele interrumpir la historia en cualquier momento, e incluso hacerla avanzar rápidamente para saltarse los detalles desagradables. Pero asegúrate de que en algún momento, aunque sea más adelante, rebobines y vuelvas a contar toda la anécdota, incluidas las partes dolorosas.
	N° 7: *Acuérdate de recordar:* Ayuda a tus hijos a ejercitar la memoria ofreciéndoles muchas oportunidades para recordar.	Tanto en el auto como en la cena, o cuando sea, ayuda a tu hijo a hablar de sus experiencias para que pueda integrar sus recuerdos implícitos y explícitos. Esto es especialmente importante cuando se trata de los momentos más trascendentes de su vida, como experiencias con la familia, las amistades importantes y los ritos iniciáticos. Basta con hacerle preguntas y animarlo a recordar para ayudarlo a rememorar y entender acontecimientos importantes del pasado, lo que le permitirá comprender mejor lo que le ocurre en el presente.

TIPO DE INTEGRACIÓN	ESTRATEGIA DEL CEREBRO PLENO	APLICACIONES DE LA ESTRATEGIA
Integrar las distintas partes de mí mismo	N° 8: *Deja pasar las nubes de las emociones:* Recuerda a los niños que los sentimientos vienen y se van. El miedo, la frustración y la soledad son estados pasajeros, no rasgos duraderos.	Ayuda a tu hijo a fijarse en las palabras que emplea cuando habla de sus sentimientos. No tiene nada de malo decir «Soy impaciente». Pero ayúdalo a ver que puede decir lo mismo de otra manera: «Estoy impaciente». Esta pequeña alteración en el vocabulario puede ayudarlo a entender la sutil pero importante diferencia entre «ser» y «estar». Puede que en un momento dado se sienta impaciente, pero esa experiencia es pasajera, no permanente. Para darle una perspectiva, pregúntale cómo cree que se sentirá dentro de cinco minutos, cinco horas, cinco días, cinco meses y cinco años.
	N° 9: *Criba:* Ayuda a tus hijos a fijarse y entender las sensaciones, las imágenes, los sentimientos y los pensamientos en su interior.	Presenta a tu hijo la rueda de la conciencia. También juega al juego de la criba en el auto o en la cena y enséñale cada una de las partes que la componen. Ayúdalo a entender que tenemos que fijarnos en lo que pasa dentro de nosotros si queremos controlar la manera en que nos sentimos y actuamos. Haz preguntas que lo conduzcan hacia la percepción de sus sensaciones corporales («¿Tienes hambre?»), imágenes mentales («¿Qué ves cuando piensas en la casa de la abuela?»), sus sentimientos («No es agradable sentir que te dejan de lado, ¿verdad que no?») y sus pensamientos (¿Qué crees que pasará mañana en la escuela?»).
	N° 10: *Ejercita la visión de la mente:* Practicando la visión de la mente los niños aprenden a tranquilizarse y a centrar la atención en lo que quieren.	A esta edad los niños pueden entender y sentir los beneficios de estar tranquilos y con la mente centrada. Enséñales a permanecer quietos y callados, y déjalos disfrutar de la paz en su interior. Guiando su mente mediante la visualización y la imaginación, muéstrales que tienen la capacidad de centrar la atención en pensamientos y sentimientos que les infunden paz y felicidad. Explícales que cuando necesiten tranquilizarse, pueden sencillamente detenerse y prestar atención a su respiración.

TIPO DE INTEGRACIÓN	ESTRATEGIA DEL CEREBRO PLENO	APLICACIONES DE LA ESTRATEGIA
Integrar el yo y el otro	N° 11: *Aumenta el factor diversión en la familia:* Fomenta la diversión en la familia, para que tus hijos disfruten de experiencias positivas y satisfactorias junto a las personas con las que pasan más tiempo.	Haz todo aquello que les guste hacer juntos. Vean un video toda la familia junta, con palomitas incluidas. Jueguen a un juego de mesa. Salgan a pasear en bicicleta. Inventen un cuento. Canten y bailen. Pasen simplemente un rato juntos siendo felices y haciendo tonterías, y de ese modo echarás unos sólidos cimientos para las relaciones futuras. Diviértete y crea rituales y recuerdos placenteros intencionadamente.
	N° 12: *Conecta a través del conflicto:* Más que un obstáculo que debas evitar, considera el conflicto una oportunidad para enseñar a tus hijos aptitudes esenciales para relacionarse.	Tu hijo ya tiene edad suficiente para una mayor complejidad en sus relaciones. Enseña una aptitud de manera explícita y luego practícala. Explica cómo se ven las cosas desde la perspectiva de los demás, luego elige a personas al azar en una tienda o en un restaurante e intenten adivinar entre los dos qué es importante para ellas y de dónde vienen. Enseña a interpretar las señales no verbales, luego juega a ver cuántos ejemplos se les ocurren (arrugar la frente, encogerse de hombros, enarcar las cejas, etcétera). Enséñale a ir más allá de las disculpas cuando uno mete la pata, y luego preséntale ejemplos pertinentes que tu hijo pueda aplicar, como escribir una carta o sustituir algo importante.

Segunda etapa escolar (9-12 años)

TIPO DE INTEGRACIÓN	ESTRATEGIA DEL CEREBRO PLENO	APLICACIONES DE LA ESTRATEGIA
Integrar los cerebros derecho e izquierdo	Nº 1: *Conecta y redirige:* Cuando tu hijo esté disgustado, primero conecta emocionalmente, cerebro derecho con cerebro derecho. Luego, cuando haya recuperado el control y esté más receptivo, imparte las lecciones del cerebro izquierdo e impón la disciplina.	Escucha primero, y luego explica tú cómo se siente tu hijo. Procura no mostrarte condescendiente ni hablarle en tono de superioridad. Simplemente repite lo que has oído. Y usa señales no verbales. Aunque tu hijo esté haciéndose mayor, todavía quiere que cuides de él con afecto. En cuanto se sienta sentido, habrá llegado el momento de redirigir hacia la planificación, y si es necesario, de imponer disciplina. Enseña a tu hijo el respeto que conlleva hablar con claridad y directamente. Tiene edad suficiente para oír y entender una explicación lógica de la situación y cualquier consecuencia resultante.
	Nº 2: *Ponle un nombre para domarlo:* Cuando las intensas emociones del cerebro derecho están desbocadas, ayuda a tu hijo a contar la historia de lo que lo ha alterado. Al hacerlo, usará su cerebro izquierdo para dar sentido a su experiencia y sentirá que tiene un mayor control sobre sí mismo.	Primero, reconoce la existencia de los sentimientos de tu hijo. Esto es aplicable tanto a un niño mayor como a uno pequeño (o a un adulto). Simplemente expresa, de manera explícita, lo que observas: «Es normal que estés disgustado. Yo también lo estaría». Luego facilita la narración de lo sucedido. Haz preguntas y no dejes de estar presente, pero déjalo a él contar su propia historia, a su debido tiempo. Sobre todo en los momentos dolorosos, es importante que los niños hablen de lo que les está ocurriendo. Pero no podemos obligarlos a hacerlo. Solo podemos ser pacientes y estar presentes y dejarlos hablar cuando estén preparados. Si tu hijo no quiere hablar contigo del tema, proponle que escriba un diario, o ayúdalo a encontrar a alguien con quien sí hable.

TIPO DE INTEGRACIÓN	ESTRATEGIA DEL CEREBRO PLENO	APLICACIONES DE LA ESTRATEGIA
Integrar los cerebros superior e inferior	N° 3: *Activa, no enfurezcas:* En situaciones de mucho estrés, activa el cerebro superior de tu hijo pidiéndole que reflexione, planee y elija, en lugar de activar el cerebro inferior, donde no interviene tanto la reflexión como la reacción.	Esta es una de las peores edades para emplear el recurso del «¡Porque yo lo digo!». En lugar de eso, estimula el floreciente cerebro superior apelando a él siempre que las circunstancias lo permitan. Mantén la autoridad en la relación, pero siempre que puedas habla con tu hijo de las distintas opciones y negocia con él en lo que se refiere a las reglas y la disciplina. Sé respetuoso y creativo mientras lo ayudas a mejorar sus facultades reflexivas de orden superior pidiéndole que participe a la hora de tomar decisiones y proponer soluciones.
	N° 4: *Úsalo o piérdelo:* Proporciona muchas oportunidades para ejercitar el cerebro superior a fin de que esté fuerte e integrado con el cerebro inferior y el cuerpo.	Conforme se desarrolla el cerebro del niño, las situaciones hipotéticas le divierten cada vez más. Juega a juegos del estilo de «¿Qué harías si…?» y presenta a tus hijos dilemas. Estos juegos pueden comprarse, pero tú también puedes inventar tus propias situaciones: «Si la madre de tu amigo ha bebido antes de llevarte a casa en auto, ¿qué harías?». Fomenta la empatía y la autocomprensión a través de diálogos que conducen a la reflexión sobre cómo se sienten los demás y las propias intenciones, deseos y creencias de tu hijo. Asimismo, déjalo enfrentarse a decisiones y situaciones difíciles, incluso cuando cometa pequeños errores o sus elecciones no sean del todo acertadas. Al fin y al cabo, ahora mismo tu objetivo no es alcanzar la perfección en cada decisión, sino lograr un desarrollo óptimo del cerebro en el futuro.

TIPO DE INTEGRACIÓN	ESTRATEGIA DEL CEREBRO PLENO	APLICACIONES DE LA ESTRATEGIA
Integrar los cerebros superior e inferior	N° 5: *Muévelo o piérdelo:* Una manera eficaz de ayudar a un niño a recuperar el equilibrio entre el cerebro superior y el inferior es pedirle que mueva el cuerpo.	Explica claramente a tu hijo cómo puede alterar su estado de ánimo moviendo el cuerpo. Sobre todo cuando está disgustado, explícale lo útil que es hacer una pausa, levantarse y moverse. Proponle ir a dar una vuelta en bici o a pie, o haz algo físicamente activo con él, como jugar al pimpón. Incluso puede ser de ayuda interrumpir una actividad para hacer estiramientos o jugar al yoyo.
Integrar la memoria	N° 6: *Usa el mando a distancia de la mente:* Después de un acontecimiento inquietante, el mando a distancia interno permite que un niño interrumpa, rebobine o haga avanzar rápidamente una historia mientras la cuenta, y eso le permite controlar lo que ve.	Al acercarse a la adolescencia, es posible que tu hijo sea más reacio a hablar contigo de las experiencias dolorosas. Explícale la importancia de la memoria implícita, y cómo las asociaciones de experiencias pasadas todavía pueden afectarle. Enséñale que puede adquirir el control de una experiencia volviendo a contar la anécdota. Trátalo con delicadeza y afecto, y permítele interrumpir el relato en cualquier momento, e incluso hacerlo avanzar rápidamente para saltarse los detalles desagradables. Pero asegúrate de que en algún momento, aunque sea más adelante, rebobines y vuelvas a contar la historia por entero, incluidas las partes dolorosas.
	N° 7: *Acuérdate de recordar:* Ayuda a tus hijos a ejercitar la memoria ofreciéndoles muchas oportunidades para recordar.	Tanto en el auto como en la mesa, con álbumes de recortes o con diarios, ayuda a tu hijo a pensar en sus experiencias, para que pueda integrar su memoria implícita y explícita. Esto es especialmente importante cuando se trata de los momentos más trascendentes de su vida, como las experiencias con la familia, las amistades importantes o los ritos iniciáticos. Basta con hacerle preguntas y animarlo a recordar para ayudarlo a rememorar y entender los momentos importantes del pasado, lo que le permitirá comprender mejor lo que le pasa en el presente.

TIPO DE INTEGRACIÓN	ESTRATEGIA DEL CEREBRO PLENO	APLICACIONES DE LA ESTRATEGIA
Integrar las distintas partes de mí mismo	N° 8: *Deja pasar las nubes de las emociones:* Recuerda a los niños que los sentimientos vienen y se van. El miedo, la frustración y la soledad son estados pasajeros, no rasgos duraderos.	Tu hijo ya tiene edad suficiente para entender esto a un nivel consciente, pero asegúrate de que escuchas lo que siente antes de enseñarle este concepto. Luego, una vez que hayas reconocido la validez de sus sentimientos, ayúdalo a entender que no durarán eternamente. Resalta la sutil pero importante distinción entre «Estoy triste» y «Soy triste». Para darle una perspectiva, pregúntale cómo espera sentirse dentro de cinco minutos, cinco horas, cinco meses y cinco años.
	N° 9: *Criba:* Ayuda a tus hijos a fijarse y entender las sensaciones, las imágenes, los sentimientos y los pensamientos en su interior.	Es posible que a algunos niños de esta edad incluso les interese el concepto de la criba, porque les permite ver qué pasa en su interior. Entender las categorías de la criba puede darles cierto grado de control sobre su vida, la cual, conforme se acercan a la adolescencia, se les antojará cada vez más caótica. Asimismo, esta es una edad ideal para usar de manera habitual la rueda de la conciencia a fin de ayudarle a entender y responder a los conflictos que van surgiendo.
	N° 10: *Ejercita la visión de la mente:* Practicando la visión de la mente los niños aprenden a tranquilizarse y a centrar la atención en lo que quieren.	Explica a tu hijo los importantes beneficios de estar tranquilo y con la mente focalizada. Hazlo permanecer quieto y callado, y permítele disfrutar de la tranquilidad en su interior. Muéstrale que tiene la capacidad de fijar la atención en pensamientos y sentimientos que procuran paz y felicidad. Dale a conocer algunas de las prácticas explicadas en este libro, como las visualizaciones guiadas y la concentración en la respiración, o consulta el gran número de recursos que hay en las bibliotecas o Internet.

TIPO DE INTEGRACIÓN	ESTRATEGIA DEL CEREBRO PLENO	APLICACIONES DE LA ESTRATEGIA
Integrar el yo y el otro	N° 11: *Aumenta el factor diversión en la familia*: Fomenta la diversión en la familia, para que tus hijos disfruten de experiencias positivas y satisfactorias con las personas junto a las que pasan más tiempo.	Existe el tópico de que conforme los niños se acercan a la adolescencia, cada vez disfrutan menos con la compañía de sus padres. Esto es verdad hasta cierto punto. Pero cuantas más experiencias significativas y placenteras ofrezcas a tu hijo ahora, más querrá estar contigo en los años venideros. A esta edad a los niños todavía les gusta hacer tonterías y jugar, así que no subestimes el poder de las charadas o de un juego de mesa interactivo cuando se trata de reforzar las relaciones familiares. Llévatelo de acampada. Cocinen juntos. Visiten un parque temático. Simplemente busca maneras de disfrutar un rato juntos, creando rituales divertidos que puedan compartir en el futuro.
	N° 12: *Conecta a través del conflicto*: Más que un obstáculo que debas evitar, considera el conflicto una oportunidad para enseñar a tus hijos aptitudes esenciales para relacionarse.	Todas las aptitudes para relacionarse y para resolver conflictos que has intentado enseñar a tu hijo desde que empezó a hablar –como ver las cosas desde la perspectiva de los demás, interpretar las señales no verbales, compartir, pedir disculpas– son las mismas que le enseñas a medida que se acerca a la adolescencia. Sigue hablando de estas aptitudes de una manera explícita y practícalas. Tanto al pedirle a tu hijo que vea las cosas a través de los ojos de otra persona como al recomendarle que escriba una nota de disculpa, enséñale que el conflicto no es algo que deba evitarse, sino más bien algo que debe resolverse, y que, al hacerlo, a menudo se mejora una relación.

Agradecimientos

Al ser nosotros mismos padres y terapeutas, somos conscientes de la importancia de encontrar aplicaciones sencillas, accesibles, prácticas y eficaces. Al mismo tiempo, los dos hemos recibido una formación científica, de modo que conocemos las posibilidades del trabajo con fundamento científico inspirado en conocimientos de vanguardia. Sentimos una profunda gratitud hacia las numerosas personas que han contribuido a que este libro esté basado firmemente en la investigación científica y al mismo tiempo permanezca arraigado en el mundo práctico del ejercicio cotidiano de la paternidad.

Hemos tenido la suerte de trabajar con colegas académicos y profesionales tanto de la USC como de la UCLA, miembros de diversos departamentos de ambas instituciones, que han apoyado nuestro trabajo y nos han inspirado con su investigación del cerebro y las relaciones personales. El primer libro de Dan, *La mente en desarrollo,* se revisó mientras escribíamos *El cerebro del niño,* con la incorporación de más de dos mil referencias científicas. Queremos dar las gracias a los científicos e investigadores a cuya labor recurrimos porque queríamos asegurarnos de que la presentación de estos conocimientos fuese lo más actual posible.

El propio manuscrito surgió en estrecha colaboración con nuestro magnífico agente literario y amigo, Doug Abrams, que ofreció su mirada de novelista y sus manos de corrector para dar forma a este libro a lo largo de toda su gestación. Ha sido un placer trabajar como tres mosqueteros de cerebro pleno, respondiendo a los desafíos de traducir unas ideas tan importantes en aplicaciones directas, accesibles y precisas de la ciencia para darles un uso cotidiano. ¡Estamos deseosos de iniciar una nueva aventura juntos!

Asimismo, damos las gracias a nuestros colegas clínicos, a los estudiantes del Mindsight Institute y a los asistentes a nuestros numerosos seminarios y grupos de padres (sobre todo los grupos del martes por la noche y lunes por la mañana), por el *feedback* que nos han facilitado para muchas de las ideas que constituyen los cimientos del enfoque del cerebro pleno aplicado a la paternidad. Una serie de personas leyeron el manuscrito y aportaron valiosos comentarios que ayudaron a poner a prueba las ideas del libro sobre el terreno. Laura Hubber, Jenny Lorant, Lisa Rosenberg, Ellen Main, Jay Bryson, Sara Smirin, Jeff Newell, Gina Griswold, Celeste Neuhoff, Elisa Nixon, Christine Adams, Sarah Heidel, Lea Payne, Heather Sourial, Bradley Whitford y Andre van Rooyen proporcionaron un feedback magnífico para el texto, las ilustraciones y la portada. Otras personas fueron esenciales en la creación del libro, y damos las gracias especialmente a Deborah y Galen Buckwalter, Jen y Chris Williams, Liz y Steve Olson, Linda Burrow, Robert Colegrove, Patti Ni y Gordon Walker por su apoyo y su tiempo.

Reconocemos con gratitud los esfuerzos de Beth Rashbaum, nuestra editora original, así como los de nuestra editora actual, Marnie Cochran, cuya dedicación y sabiduría (por no hablar de su paciencia) nos guiaron en cada etapa del proceso. Tuvimos la suerte de contar con dos editoras que sienten un gran interés por los libros y los niños. Y expresamos nuestro agradecimiento artístico a nuestra ilustradora, Merrilee Liddiard, con la que es un placer trabajar, que ofreció su talento, su creatividad y su experiencia de madre a fin de que este libro sea una experiencia de cerebro pleno para el lector.

A los padres y profesores que nos han oído hablar o con quienes hemos tenido el privilegio de trabajar de un modo u otro, les estamos profundamente agradecidos por el entusiasmo con el que han acogido el enfoque del cerebro pleno. Sus anécdotas respecto a cómo esta perspectiva ha transformado la relación con sus hijos nos han inspirado a lo largo de todo el proceso. Damos las gracias en especial a todos los padres y pacientes cuyas anécdotas y experiencias se incluyen en este libro. Aunque hemos cambiado sus nombres y los detalles de las historias, nosotros sí sabemos quiénes son, y les estamos agradecidos. Gracias también a todos los que han discutido y opinado sobre los posibles títulos del libro mientras veían los partidos de la Pequeña Liga y disfrutaban del cuarto cumpleaños de Lily en la casa de al lado. Expresar estas ideas prácticas de la manera más clara y concisa sin duda ha sido una empresa comunitaria.

Nuestra dedicación a ayudar a los niños a desarrollar mentes resistentes y relaciones compasivas empieza en casa. Vaya nuestro más profundo agradecimiento no solo a nuestros propios padres, sino también a nuestros cónyuges, Caroline y Scott, cuya sabiduría y aportaciones editoriales directas se han entretejido en todas estas páginas. Nuestros cónyuges no solo son nuestros mejores amigos, sino también nuestros mejores colaboradores, y nos ayudaron en el sinfín de borradores escritos una y otra vez, compartiendo su propio talento literario y su sabiduría de padres. Este libro no habría sido posible sin ellos. Scott ofreció generosamente su visión de profesor de lengua, su mente de escritor y su pluma de corrector para que este libro fluyera y se leyera con mayor claridad. Este esfuerzo familiar se expresa más plenamente en nuestras propias vidas personales a través de nuestros hijos, nuestros mejores profesores, cuyo amor y ánimo juguetón, sus emociones y devoción, nos inspiran de maneras que ni siquiera podemos empezar a describir. Les damos las gracias desde el fondo de nuestro corazón por la oportunidad de ser sus padres en este viaje de la vida. Ha sido la exploración de las muchas dimensiones de su desarrollo lo que nos ha motivado a compartir estas ideas sobre la integración. Por eso dedicamos amorosamente *El cerebro del niño* a nuestros hijos con la esperanza de que este libro también les permita a ustedes y a sus queridos niños compartir el viaje hacia la integración, la salud y el bienestar.

Índice

«Activa, no enfurezcas» (estrategia), 77-82

actividad física, 88-92

«Acuérdate de recordar» (estrategia), 119-123

adaptabilidad, 30

amígdala, 65, 69-75, 89, 96, 176

aptitudes interpersonales: *Véase* aptitudes para relacionarse

aptitudes para relacionarse: 163-195

    aprender a través de la experiencia, 173-179

    aptitudes para reparar, 187-190

    comunicación no verbal, 186-187

    diversión en familia, 179-183

    integración interpersonal, 167-168

    Integrarnos (páginas para los padres), 193-195

    gestión de conflictos, 187-190

    modelos mentales positivos, 171-173

    neuronas espejo, 168-171

    Los niños de cerebro pleno (sección), 190-192

    ponerse en el lugar del otro, 184-186

    receptividad y resonancia, 176-179

    rivalidad entre hermanos, 181-183, 188-189

aptitudes para reparar, 187-190

aptitudes sociales: *Véase* aptitudes para relacionarse

atención dirigida, 20, 71, 87, 130, 136, 145

atención focalizada, 136-142

«Aumenta el factor diversión en la familia» (estrategia), 179-183

autocomprensión, 66, 84-85

autocontrol, 66-67, 84

caos, 28-32

cerebro:

    amígdala, 65, 69-72, 176

    cerebro inferior, 64-72, 65, 74-76, 78-80, 93-94, 176-178

    cerebro superior, 65-67, 72-75, 77-82, 82-88

    corteza cerebral, 65-66

    corteza prefrontal, 65, 66, 131

    desarrollo, 19-32

    dominio hemisférico, 34-35

    integración de la memoria, 110-113

    integración horizontal, 22-24

    integración interpersonal, 167-168

    integración vertical, 23, 67

    memoria espacial, 138

    neuronas espejo, 168-171

    neuroplasticidad, 25, 137

    tronco cerebral, 65, 70, 91

    Véase también etapas del desarrollo

cerebro de mamífero, 22

cerebro de reptil, 22, 78

cerebro derecho, 34-35, 38-45

cerebro inferior, 64-67

    ejercicio físico, 88-92

ira, 77-82

rabietas, 72-73

respuesta de lucha-huida-inmovilidad, 176

cerebro izquierdo, 34-36

cerebro ejecutivo, 131

cerebro primitivo, 66

cerebro superior, 64-67

ejercitarlo, 82-88

hacerlo intervenir, 77-82

rabietas, 72-73

cerebros de los padres, 14-15

aptitudes para relacionarse, 193-
195

integración de la memoria, 126-128

integración horizontal, 22-24

integración vertical, 95-96

visión de la mente, 159-161

clarividencia: *Véase* visión de la mente

compasión, 76, 87, 165

comunicación no verbal, 186-187

conciencia: *Véase* visión de la mente

«Conecta a través del conflicto» (estrategia), 183-190

«Conecta y redirige» (estrategia), 42-49

contagio emocional, 170

contar historias emocionales, 51, 113-
114, 200

control, 63-64, 73

corteza cerebral, 65-66, 130-131

Véase también aptitudes para relacionarse

corteza prefrontal, 65-66, 131

«criba, La: prestar atención a lo que
pasa dentro» (estrategia), 143-151

cuerpo y ejercicio, 88-92

«Deja pasar las nubes de las emociones» (estrategia), 142-143

desplazar el centro de atención, 139-
142

dibujar, 85, 183

disciplina, 15, 19, 47, 76, 80, 179, 189

disco, el, 130-142

«Diversión en familia» (estrategia),
179-183

divertirse, 132, 158, 183

dopamina, 180-181

edad: *Véase* etapas de desarrollo

ejercicio

de la memoria, 98-113

de la visión de la mente, 151-154

del cerebro superior, 176-177

del cuerpo, 89-91

ejercicios de respiración, 89-90, 153-
154

«Ejercitar la visión de la mente» (estrategia), 151-158

emociones:

amígdala, 65, 69-75, 89, 96, 176

cribar, 145-147

distinguir entre «ser» y «estar», 134-
136

gráfico de emociones, 148

gráfico de sentimientos, 93-94

memoria implícita, 102, 104-105,
111

neuronas espejo, 168-171

usar el ejercicio para cribar, 88-92

ver cómo los sentimientos vienen y
se van, 142-143

empatía, 85-87

Véase también aptitudes para relacionarse

errores, 78, 83, 200-202

escribir un diario, 51, 85, 120

estados de ánimo, 176-179

estrategias:

«Activa, no enfurezcas», 77-82

«Acuérdate de recordar», 119-123

«Conecta a través del conflicto», 183-190

«Conecta y redirige», 42-49

«criba, La: prestar atención a lo que pasa dentro», 143-151

«Deja pasar las nubes de las emociones», 142-143

«Diversión en familia», 179-183

«Ejercita la visión de la mente», 151-156

«Muévelo o piérdelo», 88-92

«Ponle un nombre para domarlo», 49-57

«Usa el mando a distancia de la mente», 113-119

«Úsalo o piérdelo», 82-88

etapa de la primera infancia (0-3 años), 206-209

etapa preescolar (3-6 años), 210-214

etapas de desarrollo (anexo), 205-224

preescolar (3-6 años), 210-214

primera etapa escolar (6-9 años), 215-219

primera infancia (0 a 3 años), 206-209

segunda etapa escolar (9-12 años), 220-224

etapas de las edades escolares:

primera etapa (6-9), 215-219

segunda etapa (9-12), 220-224

ética, 66, 68, 87-88

flexibilidad, 30, 199

fobia, 27, 110, 114

funcionamiento ejecutivo, 83

gráfico de sentimientos, 58-59

hablarse a uno mismo, 135-136

hipocampo, 111-112, 118, 138

hoja para la nevera, 20, 204

imágenes, 143-144

integración de la memoria, 97-128

diarios y libros de recuerdos, 51, 85, 120, 122

ejercitar la memoria, 119-123

función asociativa, 98-101

función distorsionante, 101

hipocampo, 111

Integrarnos (páginas para los padres), 126-128

Los niños de cerebro pleno (sección), 123-125

memoria explícita, 101-104, 109-110

memoria implícita, 101-113

Usar el mando a distancia de la memoria, 113-119

integración horizontal, 22-24, 33-57, 203-204

beneficios, 36-40

conectar y redirigir, 42-49

Integrarnos (páginas para los padres), 60-61

Los niños de cerebro pleno (sección), 57
narración de historias, 20, 49-57
integración interpersonal, 163-195
integración vertical, 24, 63-96, 203
    beneficios, 68-76
    ejercicio físico, 88-92
    ejecitar el cerebro superior, 82-88
    hacer intervenir el cerebro superior, 77-82
    Integrarnos (páginas para los padres), 95-96
    Los niños de cerebro pleno (sección), 92-94
Integrarnos (páginas para los padres):
    Conectar los dos cerebros, 60-61
    Dar sentido a nuestra historia, 193-195
    Explicitar los recuerdos, 126-128
    Integración vertical, 95-96
    Visión de la mente y rueda de la conciencia, 159- 161
inteligencia emocional, 25
    Véase también visión de la mente
intuición, 46
ira, 64-65
    pataletas, 23
    rabietas, 9, 27, 72-76
    visión de la mente, 160-161

juegos de improvisación, 180-181

libro de recuerdos, 122

maduración: *Véase* etapas del desarrollo
manejo del conflicto, 12, 183-190

manipulación, 44, 73
memoria asociativa, 98-101
memoria espacial, 138
memoria explícita, 101-104, 109-110
memoria implícita, 101-113
mente en desarrollo, La (Siegel), 17
miedo, 52, 57, 69-71, 109-110
Mindsight (Siegel), 17
«Muévelo o piérdelo» (estrategia), 88-92

narración de historias, 20-22, 26-27, 40, 109, 113-119, 124, 200
    «Ponle un nombre para domarlo», 49-57
    «Usa el mando a distancia de la memoria», 113-119
narraciones de vida: *Véase* «Acuérdate de recordar» (estrategia)
neuronas espejo, 168-171
neuroplasticidad, 25, 137
neurotransmisores, 180
niños de cerebro pleno, Los (sección):
    aptitudes para relacionarse, 190-192
    integración de la memoria, 123-125
    integración horizontal, 57-59
    integración vertical, 92-94
    visión de la mente, 156-158
«nosotros»: *Véase* aptitudes para relacionarse

ocasiones para enseñar, 11, 64, 113

páginas de niños: *Véase* niños de cerebro pleno, Los (sección)

Parenting from the Inside Out (Siegel y Hatzell), 128

paternidad del cerebro pleno: *Véase* Integrarnos (páginas para los padres)

paternidad lúdica, 179, 182-183

pensamiento analítico, 66

pensamientos, 21-22, 129-131, 149-153

planificación, 47, 65-66

plasticidad: *Véase* neuroplasticidad

«Ponle un nombre para domarlo» (estrategia), 49-57

primera etapa escolar (6-9 años), 215-219

primera etapa infantil (0-3), 206-209

problemas de sueño, 19, 110, 138

procesamiento lineal, 34, 36, 40

procesamiento literal, 34, 35, 41

procesamiento lógico, 34, 35, 43

proceso holístico, 35

progresar, 9-13, 22, 28, 34, 67, 78, 156, 184

puntos de vista, 11, 184

rabietas, 9, 27, 72-76

reactividad, 78, 176-178, 193

receptividad, 43, 47, 76, 79, 175-178, 181

reconfigurar el cerebro, 24

redirigir, 44, 45, 46-49

relaciones entre hermanos, 11-12, 27, 166, 169, 181, 183

resonancia, 178

respuesta de lucha-huida-inmovilidad, 176

rigidez, 28-32, 41-42, 60, 134, 199

rueda de la conciencia, 130-161

aprender a cribar, 143-151

desplazar el centro de atención, 136-142

diferenciación entre «ser» y «estar», 134-136

focalizar la atención, 134-136

ver cómo los sentimientos vienen y se van, 142-143

volver al disco central, 151-156

Véase también visión de la mente

salud mental, 28-30, 41, 82, 130

segunda etapa escolar (9-12 años), 220-224

sensaciones, 111, 145, 176

corporales, 38- 40, 49, 51, 61, 91, 104, 110, 126, 130-131, 139, 145, 149

«sensaciones viscerales», 35

sentimientos (como estado de ánimo), 25, 39-40, 45-47, 53, 58-59

Véase también emociones

«sentimientos del corazón», 35

sentimientos intensos, 51, 58, 63, 94

ser (como estado de ánimo), 134-136

sistema límbico, 65, 69, 91, 150

sobrevivir, 9-13

timidez, 25, 175

toma de decisiones, 58, 82-84

tontear, 180-181

«Usa el mando a distancia de la memoria» (estrategia), 113-119

«Úsalo o piérdelo» (estrategia), 82-88

visión de la mente, 129-161, 187-190,
197-198
    aprender a cribar, 143-151
    distinguir entre «ser» y «estar»,
        134-136
    focalizar la atención, 136-142
    hablarse a sí mismo, 135-136
    Integrarnos (páginas para los pa-
        dres), 159-161
    Los niños de cerebro pleno (sec-
        ción), 156-158
    modelo de la rueda de la concien-
        cia, 130-134
    ver cómo los sentimientos vienen y
        se van, 142-143
    volver al disco central, 151-156
        Véase también aptitudes para rela-
            cionarse

«yo»: *Véase* visión de la mente

DANIEL J. SIEGEL es profesor de Psiquiatría en la Facultad de Medicina de la UCLA, codirector del centro de investigación Mindful Awareness de la UCLA y director ejecutivo del Mindsight Institute. Licenciado en la Facultad de Medicina de Harvard, es coautor de los bestsellers *Disciplina sin lágrimas* y *El cerebro afirmativo del niño*, y autor de textos profesionales reconocidos internacionalmente como *Cerebro y mindfulness* y *La mente en desarrollo*. El doctor Siegel participa en congresos y talleres en todo el mundo. Vive en Los Ángeles con su esposa y sus hijos.

TINA PAYNE BRYSON es psicoterapeuta de niños y adolescentes, consultora de padres y directora del departamento de Educación y Desarrollo Parental del Mindsight Institute. Es coautora de los bestsellers *Disciplina sin lágrimas* y *El cerebro afirmativo del niño*. Es conferencista habitual ante padres, educadores y profesionales del gremio. Vive cerca de Los Ángeles con su marido y sus tres hijos.

OTROS LIBROS DE

Daniel J. Siegel y Tina Payne Bryson

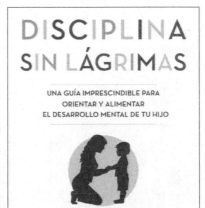

**El cerebro afirmativo
del niño**

Disciplina sin lágrimas